Über die Autoren

Bernhard Weninger ist studierter Bauingenieur und arbeitet als selbständiger Ziviltechniker in Österreich, entdeckte aber vor einigen Jahren seine Leidenschaft für die Welt der Edelsteine, Perlen und aufregenden Schmuckkreationen. Seither widmet er sich intensiv der Gemmologie in all ihren Facetten und ist auf Schmuck- und Edelsteinmessen in der ganzen Welt zu finden. Er ist Mitglied der Gemmologischen Gesellschaften in Deutschland und Österreich und hat Fachausbildungen in Idar-Oberstein (Zentrum der Edelsteine in D), Linz (Ö) sowie in den USA am Gemological Institute of America (GIA) abgeschlossen. Auf *www.weninger-gems.at* bietet er außergewöhnliche Edelsteine und Schmuckstücke an.

Alex Wagner ist studierte Betriebswirtin, Autorin von Romanen und Sachbüchern (Krimis, Thriller, Romance & Ratgeber) und wurde von ihrem Partner Bernhard Weninger mit der Edelstein-o-manie infiziert. (Dabei handelt es sich um die – medizinisch nicht anerkannte, aber sowieso unheilbare – Obsession für alles, was funkelt und glänzt.) Wenn du dieses Buch liest, besteht Ansteckungsgefahr für dich. Wenn du nicht ohnedies längst zu den Betroffenen gehörst.
Du findest die Bücher von Alex Wagner auf ihrer Website *www.alexwagner.at*

SCHMUCK

Dein (Ver)Führer in die Welt der
Diamanten, Perlen & Farbedelsteine

Copyright © 2019
Alexandra Wagner & Bernhard Weninger

Alle Rechte vorbehalten. Jede Weitergabe oder
Vervielfältigung nur mit ausdrücklicher Erlaubnis
der Autoren.

ISBN: 9781701008021

Lektorat: Cora Elvers

Cover Design: Estella Vukovic
unter Verwendung eines Fotos von *apttone / Adobe Stock*

Bilder:
Seite 2: Diamantring, *Vladimir Sazonov / Shutterstock*
Seite 3: Rubinohrringe, *Art of Life / Shutterstock*
Seite 4: Lila Granate, *Bernhard Weninger*
Seite 6: Diamanten, *Fribus Mara / Shutterstock*

Disclaimer:
Die Daten, Preise und sonstigen Angaben in diesem Buch wurden von den Autoren sorgfältig recherchiert, sind aber ohne Gewähr. Wir geben keine Kaufempfehlungen ab, erteilen keine Investment-Ratschläge und können dich mit diesem Buch auch nicht dazu befähigen, wertmindernde Faktoren oder Fälschungen bei Schmuck und Edelsteinen sicher zu erkennen.
Bitte triff Kaufentscheidungen nur im Rahmen deines Budgets, ziehe bei Bedarf einen Anlageberater hinzu und/oder konsultiere einen Gutachter für Edelsteine (Adressen hierzu findest du im Anhang).

INHALT

Über die Autoren 2

INHALT 5

EINLEITUNG Reiseführer in eine magische Welt 7

KAPITEL 1 Die Magie des Goldes 10

KAPITEL 2 Symbol der Ewigen Liebe: DER DIAMANT 14

    Die 4 C´s 17

    Karat (ct) 17

    Schliff (cut) 19

    Reinheit (clarity) 21

    Farbe (color) 22

    Farbige Diamanten 22

    Das fünfte C 24

    Diamanten so individuell wie du 24

    Es ist nicht alles Diamant, was funkelt 26

    Altschliffe - ein kurzer Exkurs in die Historie 28

    Vom Blutdiamanten zur Nachhaltigkeit? 30

KAPITEL 3 Der schönste Regenbogen der Welt: FARBEDELSTEINE 33

    Die 4 C´s der Farbenwelt 34

    Die großen Drei 37

    Günstige(re) Schätze 43

    Der Star aus Titanic 47

    Der vielseitige Verwandlungskünstler 48

    Vielleicht die schönste Farbe der Welt? 49

    Noch ein Alleskönner 51

    Ist der Ruf einmal ruiniert 52

    Von Trachtenschmuck bis Glamour 53

    Undurchsichtig & geheimnisvoll 56

    Special Effects 59

KAPITEL 4 Träne der Götter: DIE PERLE 62

    Süßwasserperlen 64

    Salzwasserperlen 64

    Die 5S 65

    Die seltensten Perlen der Welt 69

    Perlen im Diamantlook? 70
    Echt oder falsch? 71
KAPITEL 5 Schmuck kaufen – Schmuck tragen 74
    Schmuckkauf ohne böse Überraschungen 74
    Edelsteingutachten 77
    Schmuck nach Maß 81
    Schmuck aus zweiter Hand? 83
    Finde deine Lieblingsfarbe 85
    Extravagant und preisgünstig: Cabochons 88
    Kleine Stars ganz groß 90
    Kreativ kombiniert 91
    Das Geschenk für deine Mutter 93
    Schmuck für die Kleinen 94
    Schmuck für IHN 95
    Schmuck für Zwei 98
    Fingerprint Schmuck 99
KAPITEL 6 Schmuck pflegen 100
    Eine Spa-Behandlung für deine Edelsteine 100
    Ultraschall & Schmuckreiniger 101
    Hart oder weich? 101
    Perlen sind zartbesaitet 102
KAPITEL 7 Glänzende Investments 105
Nachwort 107
Danksagung 108
ANHANG I: Eine kurze Geschichte der Edelstein-o-manie 109
ANHANG II: Ressourcen 114
    Kontakt zu den Autoren 114
    Auktionshäuser 114
    Edelsteinlabors / Gutachter 114
    Ausbildungsinstitute 115
    Schmuck-/Edelsteinmessen 116
ANHANG III: WEITERFÜHRENDE LITERATUR 117

EINLEITUNG
Reiseführer in eine magische Welt

Die Liebesbeziehung, die den Menschen mit dem Reich der edlen Metalle und funkelnden Steine verbindet, währt bereits seit Jahrtausenden. Aufgrund der außerordentlichen Haltbarkeit von Schmuck, Gold, Diamanten, Farbsteinen und Perlen, können wir heute noch die Kunstfertigkeit von Goldschmieden aus längst verschwundenen Kulturen bewundern. Und der Juwelenhandel, die Luxusbranche schlechthin, trotzt allen Wirtschaftskrisen und politischen Umwälzungen unserer Welt.

Geschäft der Luxusmarke TIFFANY & Co.,
Wall Street, New York
littlenySTOCK / Shutterstock

Schmuckstücke sind Symbole der Freundschaft und Liebe, und sie sind DAS Geschenk, wenn es um die wichtigsten Ereignisse in unserem Leben geht. Wir kaufen unseren Liebsten Schmuck zu Verlobung und Hochzeit, zu Jubiläen, zur Taufe, Pensionierung … und natürlich zu Geburtstagen oder zu Weihnachten. Insbesondere Frauen sind leidenschaftliche Schmuckträgerinnen, aber auch immer mehr Männer erliegen der Faszination der edlen Steine.

(Anmerkung: Wir sprechen im Buch meist der Einfachheit halber von Schmuckliebhaber*innen*, das ist jedoch keine Diskriminierung gegen euch, liebe Männer! Außerdem erlauben wir uns, das DU-Wort zu verwenden – sozusagen unter Freunden, die eine gemeinsame Leidenschaft teilen.)

Ring mit Tansanit und Diamanten
Vikar Ahmed

Angesichts dieser nachhaltigen Faszination erstaunt es umso mehr, dass in deutscher Sprache nur wenige Bücher zum Thema Edelsteine und Schmuck erhältlich sind, die auch für den Laien verständlich und lesbar sind. Diese Lücke wollen wir mit dem vorliegenden (Ver-)Führer in die Welt der Diamanten, Farbsteine und Perlen schließen. Wir wollen dir damit einen verlässlichen und kundigen Begleiter zur Seite stellen, der dich an der Hand nimmt und dir die ganze Vielfalt der Schmuckwelt zwischen zwei Buchdeckeln präsentiert.

Wir möchten dir die Fülle an Möglichkeiten aufzeigen, wenn es um Juwelen geht. Wenn du in den einzelnen Kapiteln schmökerst und dir die Fotos ansiehst, die wir für dich ausgewählt haben, so wirst du neue Edelsteine entdecken, die dir bis jetzt unbekannt waren.

Die meisten Schmuckträgerinnen kennen praktisch nur Schmuck mit Diamanten, und auch in den Auslagen vieler Juweliere wirst du fast ausschließlich Diamantschmuck finden.

Vielleicht entdeckst du auf den Seiten dieses Buches auch einmal andere bunte und edle Steine oder sogar eine neue große Liebe. Oder mehrere. (Bei Juwelen ist Polygamie erlaubt!)

Diamantringe
The Vine Studios / Shutterstock

Neue Farben, die du unwiderstehlich findest, kreative Arten, Perlen, Diamanten und andere Edelsteine zu kombinieren, und neue Möglichkeiten, wie Ringe, Ketten, Armbänder etc. im 21. Jahrhundert aussehen können.

Als Schmuckliebhaberin hattest du noch nie so viele Möglichkeiten wie heute, deine Kreativität zu entfalten und mit außergewöhnlichen Juwelen deinen ganz persönlichen Stil zu betonen.

Die erste gute Nachricht hierbei lautet: Du kannst dir Schmuck nach Maß anfertigen lassen, ohne dafür wesentlich mehr bezahlen zu müssen, als wenn du ein Kleinod aus der Auslage deines Juweliers erwirbst. Und die zweite: Für nahezu jeden Look, der dir gefällt, gibt es verschiedene Preisklassen. Wenn du feurige rote Steine liebst, dein Budget aber begrenzt ist, so musst du nicht notwendigerweise einen Rubin erstehen. Du musst aber auch nicht gleich auf Modeschmuck oder Imitationen zurückgreifen. Wenn du gerne tiefblaue Juwelen trägst, so muss es nicht gleich ein Saphir sein. Wir zeigen dir Edelsteine und Perlen in allen Preisklassen. Wunderschöne Schmuckstücke mit echten Edelsteinen, die du schon für ein paar hundert Euro erstehen kannst – aber auch andere, die du dir vielleicht nur in deinen Träumen leisten kannst.

Wir versorgen dich außerdem mit Tipps, wie du aus deinem vorhandenen Budget das Beste machen kannst, und wir verraten dir auch, wie du deine Juwelen am besten pflegst, damit du viele Jahrzehnte Freude daran hast.

Nachdem wir dir jetzt erzählt haben, warum wir dieses Buch geschrieben haben, möchten wir dir auch sagen, was es nicht ist. Erstens können und wollen wir dir keine *vollständige* Aufzählung aller auf der Erde vorkommenden Edelsteine bieten. Das wären schlicht zu viele.

Wir haben uns daher auf alte und neue Klassiker, persönliche Favoriten, unterbewertete Geheimtipps und einige atemberaubende Raritäten beschränkt. Wenn du einen exotischen Stein suchst, den wir nicht auf den kommenden Seiten präsentieren, so schreibe uns gern eine E-Mail. (Unsere Kontaktdaten findest du im An-

Tahitiperlen
NickKnight / Shutterstock

hang.) Vielleicht können wir dir helfen, diesen speziellen Edelstein zu beschaffen – aber

Garantien gibt es leider keine. Jeder Edelstein ist so einzigartig wie ein menschliches Individuum. Es kann schon eine größere Herausforderung sein, als man für möglich halten würde, ein zusammenpassendes Pärchen für zwei Ohrringe zusammenzustellen.

Dieses Buch widmet sich darüber hinaus ausschließlich dem sogenannten *Echtschmuck* – also Schmuckstücken, die aus *Edelmetallen* (meist Gold oder Platin) gefertigt sind, und mit *echten* Edelsteinen oder Perlen besetzt sind. Die Welt des Modeschmucks ist eine ganz andere, mit völlig verschiedenen Voraussetzungen, Gesetzmäßigkeiten und Wertvorstellungen. Auch darüber wird unserer Meinung nach zu wenig geschrieben, aber wir sind nicht die Fachexperten dafür.

Und zu guter Letzt ist dieses Buch auch kein gemmologisches Fachbuch. (Gemmologie ist die Wissenschaft, die sich den Edelsteinen widmet.) Du wirst nach der Lektüre der kommenden Seiten zwar mehr über Juwelen wissen als 99% der Bevölkerung, aber wir haben dieses Buch für Schmuckliebhaberinnen geschrieben und weniger für wissenschaftlich Interessierte. Wir versprechen dir also, dich nicht mit trockenen Fachbegriffen oder allzu viel Chemie/Physik etc. zu erschlagen.

Wer sich für dieses Thema interessiert, dem stehen weiterführende Literatur, eigene Ausbildungen oder auch Gespräche mit Juwelieren und Experten zur Verfügung – was eine eigene Welt für sich darstellt.

Wie der Untertitel des Buches bereits andeutet, geht es darum, dich zu *verführen*. Dich auf eine Reise in eine weitgehend unbekannte Welt mitzunehmen, die ein magisches Funkeln und Leuchten in deinen Alltag bringen wird.

In diesem Sinne wünschen wir dir eine gute Reise in die Welt der edlen Steine und viele traumhafte Stunden mit diesem Buch!

Alex Wagner & Bernhard Weninger

Saphire in ihrer herrlichen Farbenvielfalt
CEYLONS | MUNICH, Collage: Alex Wagner

KAPITEL 1
Die Magie des Goldes

Die Edelmetalle, die am häufigsten für Schmuck verwendet werden, sind Gold, Platin und Silber.

Perfekt poliertes *Silber* glänzt strahlender als jedes andere Metall, es hat aber leider den Nachteil, dass dieser Glanz nicht von Dauer ist. Wenn du Silberschmuckstücke trägst, so musst du sie in regelmäßigen Abständen reinigen, da sie mit der Zeit anlaufen, ihren Glanz verlieren und womöglich sogar schwarz werden können.

Historische Silbermine
Stocksnapper / Shutterstock

Gold ist das seltenste der drei Metalle, gefolgt von Platin und Silber. Letzteres findet man rund fünfzehn Mal so häufig in der Erdkruste wie Gold.

Was du vielleicht noch nicht wusstest: Metalle haben ein Gedächtnis. Das bedeutet zum Glück nicht, dass sie wie Spione jeden Anlass festhalten, zu dem du dein Schmuckstück getragen hast. Vielmehr ist damit die Eigenschaft gemeint, dass Metalle gern zu ihrer Ausgangsform zurückkehren, wenn man sie verbiegt oder anderweitig verformt.

Platin ist unter unseren drei Schmuckmetallen das "vergesslichste", was bedeutet, dass es sich gut verformen lässt und dann auch in der letzten Form, die der Goldschmied ihm verliehen hat, bleibt.

Warum das wichtig ist? Aufgrund dieses mangelnden Gedächtnisses ist Platin am besten für Edelsteinfassungen geeignet. Insbesondere Krappen, die kleinen "Fühler", die gern verwendet werden um beispielsweise einen Diamanten in seiner Fassung zu halten, sind wesentlich stabiler, wenn sie aus Platin geschmiedet werden.

Der *Feingehalt* sagt dir, ob und wie ein Edelmetall mit anderen Metallen vermischt wurde. *Legierungen* nennt man diese Mischungen in der Fachsprache, und sie dienen dazu, Edelmetalle härter und weniger empfindlich gegen Abnutzung zu machen. Mit der Zahl 1000 wird eine gänzliche reine, unvermischte Form des Edelmetalls beschrieben, wie man es in der Praxis nicht verwendet. Selbst Goldbarren oder

Gold, Silber und Kupfer Nuggets
Bjoern Wylezich / Shutterstock

Anlagemünzen haben einen maximalen Feingehalt von 999.

Schmuckgold findet man am häufigsten mit einem Feingehalt von 585 (=585/1000 Anteile pures Gold) oder auch von 750. Bestimmt hast du in einem Schmuckstück schon diese Zahlen an unauffälliger Stelle eingestempelt (=*punziert*)

Goldring in modernem Design
Africa Studio / Shutterstock

gefunden. Diese Punzen sind Qualitätssiegel, die dir sagen, dass du ein Schmuckstück aus echtem Gold, Silber oder Platin besitzt.

Besser bekannt sind die 585 und 750 Goldlegierungen bei uns als 14-karätiges bzw. 18-karätiges Gold. In diesem Karat-System entspricht das pure Gold (mit 999 Feingehalt) dann 24 Karat (abgekürzt: *kt*).

Platin kommt für Schmuckzwecke meist mit einem Feingehalt von 950 zum Einsatz. Es ist resistenter gegen Kratzer als Goldschmuck und damit sehr gut für Ringe oder Armreifen geeignet, die im Allgemeinen mehr aushalten müssen als beispielsweise Halsketten oder Ohrringe.

Silber ist zumeist als *Sterlingsilber* im Handel erhältlich. Das ist eine Legierung aus 92,5% Silber und (normalerweise) Kupfer. In der Punze wird das dann mit "925" angegeben.

Achtung: Auch bei Edelsteinen spricht man von Karat (abgekürzt: *ct*), dort bezeichnet diese Maßzahl aber das Gewicht des Steins. Dazu kommen wir im nächsten Kapitel. Im Englischen ist es da etwas einfacher: Für Gold- und andere Edelmetalllegierungen wird *karat* verwendet, für das Edelsteingewicht (eig. Masse) *carat*. Die Abkürzungen sind aber auch im Deutschen eindeutig, "kt" für Metalllegierungen, "ct" für Edelsteinmasse.

Diamantringe in Weißgold, Gelbgold und Roségold
STUDIO492 / Shutterstock

Finiston Open Pit Goldmine, Kalgoorlie, Westaustralien
Mr Privacy / Shutterstock

Welches Metall für die Legierung genommen wird, beziehungsweise dabei dominiert, bestimmt auch die Farbe des Endprodukts.

Gelbgold beispielsweise wird hauptsächlich mit Kupfer und Silber legiert. Wenn der Kupferanteil dominiert, erhält man Roségold, nimmt man mehr Silber, ist das Endergebnis Weißgold.

Weißgold kann aber ebenso mit Platin oder Palladium legiert sein. Falls du wiederholt feststellst, dass du Weißgold (und Silber, das ebenfalls legiert wird) auf der Haut nicht verträgst, so kann das am Nickel liegen, das in diesen Legierungen auch fast immer beigemischt wird. Rund 20% der Menschen sind auf dieses Metall allergisch, bei Frauen unter 30 Jahren soll der Anteil der Nickel-Allergikerinnen sogar bis zu 50% betragen. Wenn deine Haut also auf teuren Echtschmuck ebenso gereizt reagiert wie auf Modeschmuck, solltest du Gelbgold bevorzugen. Beziehungsweise Platin, wenn du den silbrigen Farbton dem gelbgoldenen vorziehst.

Experimentiert wurde auch schon mit Blaugold, Grüngold, Purpurgold und Schwarzgold. Diese Legierungen haben sich jedoch in der Schmuckverarbeitung bis dato nicht durchgesetzt.

Platin war in der Vergangenheit meist teurer als Gold, aktuell jedoch (2019) liegt der Goldpreis deutlich über jenem von Platin. Was sich natürlich auch wieder ändern kann. Und auch der Preisunterschied zwischen 14 und 18 Karat Gold tritt in den Hintergrund, sobald du ein Schmuckstück mit Diamanten oder anderen wertvollen Edelsteinen verzieren möchtest. Gegen diese edelsten Vertreter des Mineralreichs sind Edelmetalle nämlich geradezu "spottbillig", speziell wenn die Steine größer und die Goldfassungen nicht dominant sind.

Zum Vergleich hier die aktuellen Preise pro Gramm (ca.-Werte):

925 Silber	€ 0.40
585 Gold	€ 20
750 Gold	€ 25
950 Platin	€ 17

1 Gramm Diamant (das entspräche 5 Karat Edelsteingewicht) in Schmuckqualität käme bereits, je nach Farbe, Reinheit, Schliff etc. auf gut € 50.000.

Selbst die Arbeitsleistung des Goldschmieds oder der Aufschlag, den Luxusmarken heutzutage mit sich bringen, stellen den Edelmetallpreis bei gehobenen Schmuckstücken in den Schatten. Wenn du überlegst, Schmuck mit einem "guten" Edelstein zu kaufen, kannst du dir in diesem Fall also jedenfalls 18-karätiges Gold gönnen.

Stärker legiertes Gold (also 14kt statt 18kt) könntest du ggf. für stärker beanspruchten Schmuck (z.B. Ringe) verwenden, da das Material etwas härter und somit abriebfester ist. Anzumerken ist, dass in verschiedenen Teilen der Welt auch andere Legierungen verwendet werden, z.B. 8kt oder 12kt Gold. Somit können Händler ihre Ware etwas günstiger verkaufen, letztendlich zum Nachteil der Kunden.

Heutzutage kann man unabhängig vom Material die Oberfläche des fertigen Schmuckstückes auch nachbehandeln. Man kann aus glänzendem Gold Mattgold machen, Rhodinierungen aufbringen, etc. Somit kann man auch beim Kauf z.B. eines "Weißgoldringes" noch Variationen festlegen. Neben dem Farbton kann die Oberfläche angepasst werden. Man kann sich z.B. für *poliert* (intensivster Glanz) entscheiden, für *matt* (längs, quer, schräg, sandmatt etc.), *gehämmert* etc.

Achtung: Kleine Edelsteine könnten neben der Strahlkraft eines polierten Schmuckstückes untergehen!

Gerade in jüngerer Zeit experimentieren Schmuckdesigner auch mit anderen Materialen. Mit Titan zum Beispiel – aber auch Keramik, Emaille und sogar Kunststoffe sind beliebt.

Titan gilt nicht als Edelmetall, da es aber sehr schwer zu bearbeiten ist, wird es mitunter zum gleichen Preis wie seine nobleren Geschwister gehandelt. Es hat den Vorteil, dass es hypoallergen ist – für Ohrringe oder Piercings also eine hervorragende Wahl. Außerdem ist es sehr leicht und damit für große, auffällige Schmuckstücke geeignet, die ansonsten die Trägerin mit ihrem Gewicht belasten könnten (z.B. bei Ohrringen oder Broschen).

Aus Titan gefertigte Brosche (mit Pink Saphiren)
Dr. Wolf Bialonczyk, Foto: Alex Wagner

KAPITEL 2
Symbol der Ewigen Liebe:
DER DIAMANT

Der Diamant ist zweifellos der begehrteste aller Edelsteine. Er gilt als Symbol der unvergänglichen Liebe und ist für manche Schmuckliebhaberinnen von einer geradezu magischen Aura umgeben.

Ein paar der Mythen, die sich um den König der Edelsteine ranken, möchten wir an dieser Stelle entkräften – was dem Diamanten in unseren Augen nichts von seinem Glanz nimmt. Aber dieser Führer will dir ja zu einem besseren Wissen über die Welt der Edelsteine verhelfen, also: Der Diamant ist weder der seltenste noch der leuchtendste aller Edelsteine. Oft auch nicht der teuerste.

Was die Seltenheit anbelangt: Viele der Farbedelsteine, die du im nächsten Kapitel kennenlernen wirst, sind wesentlich seltener als der Diamant. Es gibt Edelsteine, die hat man nur an einer einzigen Stelle auf der Welt gefunden!

Punkto Brillanz und Leuchtkraft (=Lichtbrechung) sind beispielsweise der Demantoid und der natürliche Zirkon (die du im nächsten Kapitel kennenlernen wirst) dem Diamanten mitunter überlegen. Viel hängt hierbei natürlich auch vom Schliff ab, den wir gleich besprechen werden.

Auch ein Moissanit (eine im Labor hergestellte Diamant-Imitation) kann durch seine hohe Lichtbrechung mitunter strahlender funkeln als ein Brillant.

Seine weltumspannende Erfolgsgeschichte verdankt der Diamant nicht zuletzt dem hervorragenden Marketinggeschick der Firma *De Beers*, die den Diamantenhandel früher praktisch im Alleingang beherrschte und auch heute noch dominiert. Diesem Konzern ist es zu verdanken, dass man beim Kauf eines Verlobungsrings automatisch an einen Brillant-Solitär denkt, und dabei vielleicht sogar folgenden Werbespruch (von De Beers) im Kopf hat: *Ein Diamant ist unvergänglich (A diamond is forever)*.

Diamantarmband & Diamantring
Vikar Ahmed

Die vielfältigen Gesichter des Diamanthandels

Oben:
De Beers Flagship Store, London
Willy Barton / Shutterstock

Links:
Romantischer kleiner Laden "Koh-i-noor"
in Amsterdam, Niederlande – einem Zentrum
des internationalen Diamanthandels
Tupungato / Shutterstock

Mehr zur Geschichte des Diamanthandels erfährst du im historischen Anhang dieses Buches.

Ein Detail, das du bestimmt von Diamanten kennst, entspricht aber im Gegensatz zu den eben besprochenen Mythen der Wahrheit: Der Diamant ist das *härteste* auf Erden vorkommende Material.

Was allerdings nicht bedeutet, dass dein kostbarer Diamantring nicht absplittern kann, wenn du ihn beispielsweise auf einen Steinboden fallen lässt. Hart bedeutet in diesem Fall nur, dass du dich nicht um Kratzer sorgen musst, die dein Juwel verunstalten könnten. Oberhalb von 800 Grad Celsius (eine Temperatur, die bei einem Hausbrand durchaus erreicht wird) können Diamanten allerdings auch verbrennen – so viel zu *Ein Diamant ist unvergänglich*.

Rohdiamanten sehen sehr unauffällig aus

Links: *Naturhistorisches Museum Wien, Foto: Alex Wagner*
Oben rechts: *Chiragz / Shutterstock*
Mitte rechts: *Bjoern Wylezich / Shutterstock*

Unten: Diamanten in unterschiedlichen Schliffformen und Fassungen
STUDIO492 / Shutterstock

Die 4 C's

Der Wert eines Diamanten wird von 4 Haupt-Faktoren beeinflusst, die international als die 4 C's bezeichnet werden: Carat, Colour, Cut und Clarity (zu Deutsch: Karatgewicht, Farbe, Schliff und Reinheit). Diese eingängige Eselsbrücke wurde in den 50iger Jahren vom GIA eingeführt – dem Gemological Institute of America, weltweit *die* führende Autorität, wenn es um die Erforschung und Graduierung von Diamanten geht.

Sehen wir uns die Faktoren der Reihe nach an – um uns anschließend mit der Frage zu beschäftigen, welche neuen Einflussfaktoren auf den Wert eines Diamanten in den letzten Jahren hinzugekommen sind.

Karat (ct)

Wie schon weiter oben beschrieben, darf das Karat, das das Edelsteingewicht bezeichnet, nicht mit dem Reinheitsgehalt von Edelmetallen verwechselt werden, der ebenfalls in Karat gemessen wird. Abgekürzt wird das Karatgewicht mit *ct*.

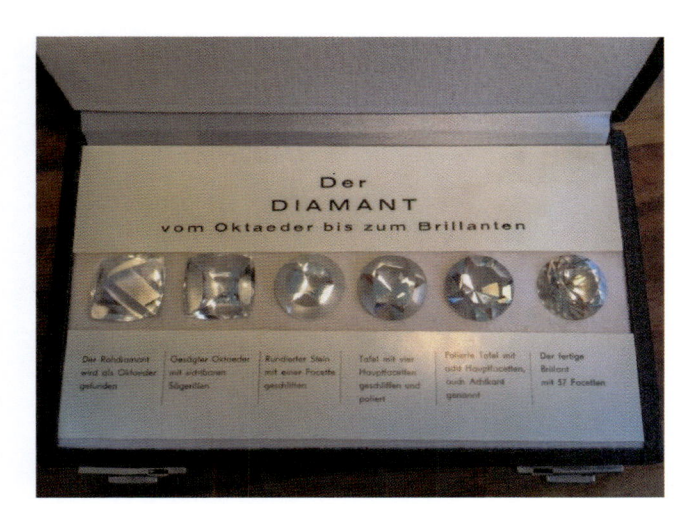

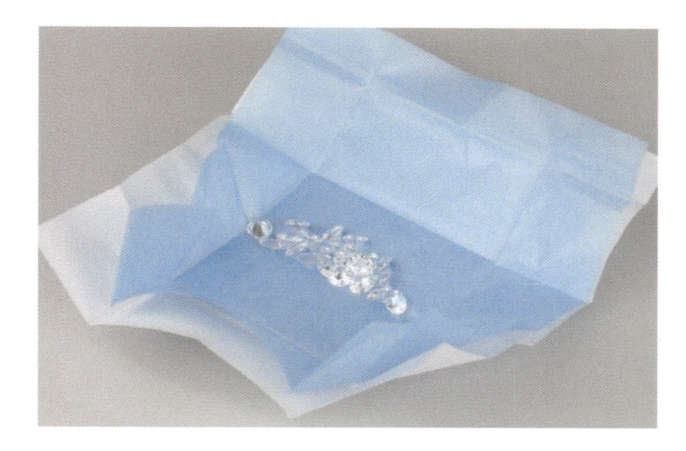

Die Bearbeitung eines Diamanten – vom Rohstein bis zum funkelnden Brillanten
Bernhard Weninger

Diamanten – und andere Edelsteine – werden traditionell gern in gefalteten Papierbriefchen transportiert und gehandelt
Mark S Johnson / Shutterstock

Wenn man nun bei Diamanten (und allen anderen Edelsteinen) von Karat spricht, so ist damit ein ganz konkretes Gewicht gemeint, und zwar:

1 ct = 0.2 Gramm

Das Wort *Karat* hat eine interessante Herkunft: Der Begriff leitet sich vom griechischen Kerátion ab, was so viel wie Hörnchen bedeutet. Gemeint war damit der Same des Johannisbrotbaums, der so gleichförmig in Größe und Gewicht war, dass er stets genau dasselbe Gewicht (das damalige Karat) auf die Waage brachte. Ein Präzisionswunder der Natur. Moderne Messmethoden haben das zwar relativiert, und mit den Präzisionswaagen stiegen auch die Genauigkeitsanforderungen des Handels, aber eine romantische Historie ist das allemal.

Bei sehr kleinen Diamanten spricht man auch gelegentlich von *Punkt* anstatt Karat. Es gilt:

1 Karat = 100 Punkt

Wenn du also beispielsweise einen Juwelier sagen hörst, dass ein bestimmtes Schmuckstück mit "10-Punkt-Diamanten" ("10-Punkter") verziert sei, so weißt du ab jetzt, was damit gemeint ist: Diamanten, die jeweils ein Gewicht von 0.1 Karat aufweisen.

Selbst winzige 1-Punkt-Diamanten können einen größeren Stein sehr schön einrahmen oder wie ein Mosaik zu spektakulären Juwelen-Blüten und anderen Formen zusammengesetzt werden.

Fälschlicherweise wird oft behauptet, Karat wäre eine Maßzahl für die *Größe* eines Diamanten. Das ist jedoch nicht korrekt. Natürlich hat das Gewicht eines Edelsteins einen direkten Einfluss auf seine Größe. Da ein Diamant jedoch ein dreidimensionales Objekt ist, das unterschiedlich geschliffen werden kann, wird ein flacher Stein an der Oberfläche größer wirken.

Geht man von den "perfekten" Schliffproportionen (siehe Schliff weiter unten) eines Brillanten aus, so ergeben sich für die (von oben) sichtbare Größe des Steins folgende Durchmesser:

Gewicht den Wert eines Diamanten? Generell gilt, dass der Preis nicht linear ansteigt. Während beispielsweise ein 10-Punkt-Diamant (0.1 Karat) schon um € 1.000 pro Karat zu haben ist (abhängig von den anderen Preisfaktoren, wie Farbe, Reinheit und Schliff), zahlt man für einen Halbkaräter bereits um die € 5.000 pro Karat, und für einen Einkaräter schnell einmal € 10.000 pro Karat. Oder mehr.

Für noch größere Steine steigt der Wert pro Karat weiter an, und dieses nichtlineare Preisverhalten kann man praktisch bei allen Edelsteinen beobachten. Das liegt besonders an der Seltenheit von größeren Steinen. Kleinere Diamanten sind praktisch immer in jeder Qualität am Markt verfügbar, wogegen größere Steine in guter Qualität immer schwerer zu bekommen sind und somit verhältnismäßig auch immer teurer werden. Die Nachfrage und das Angebot regeln den Preis!

Bei Diamanten gibt es zusätzliche Preissprünge an bestimmten Gewichtsgrenzen. So ist ein Diamant, der gerade die 1,00-Karat-Grenze überspringen kann, überproportional teurer als

Größe von Diamanten nach ihrem Karatgewicht
(100 pts/Punkte = 1 Karat)
Lakeview Images / Shutterstock

Diamanten zwischen 0.5 und zwei Karat ergeben sehr hübsche Verlobungsringe und sind als solche sehr gefragt. Wie beeinflusst nun das

einer, der knapp darunter bleibt. Juweliere (und deren Kunden!) reden nun mal gern von einem Einkaräter. Und ein 0,99ct-Diamant ist eben kein Einkaräter. Wenn dir derlei kleine Eitelkeiten egal sind, kannst du Geld sparen, indem du dir einen 0.99-Karäter anstelle eines Einkaräters kaufst.

Schliff (cut)

Dir ist bestimmt schon aufgefallen, dass gelegentlich von Brillanten gesprochen wird, wenn es um Diamanten geht. Was hat es damit auf sich?

Diamant ist der Name des Edelsteins, beim Brillanten handelt es sich um einen ganz speziell geschliffenen Diamanten: nur ein runder Diamant mit 57 Facetten (manchmal 58) darf sich Brillant nennen. Das ist die perfekte Anordnung von Facetten und Kanten, die von Mathematikern als optimal für die Lichtbrechung errechnet wurde.

Neben dem Brillantschliff existieren aber noch viele weitere Schliffformen für Diamanten und andere Edelsteine.

Die gebräuchlichsten Formen sind Emerald Cut (Smaragdschliff), Herzform, Triangle, Ovalschliff, Navetteschliff, Tropfen, Kissen etc.

Daneben werden Diamanten aber auch in unterschiedlichsten Freiformen angeboten. All diese Schliffe werden genau genommen Fancy-Schliffe genannt – alle außer dem Brillanten.

Kleine Diamanten im Navetteschliff (auch "Marquise" genannt) lassen sich wunderbar mit runden Diamanten (oder Farbsteinen) kombinieren, um Juwelen zu kreieren, die an Blumen erinnern.

Tropfen machen sich besonders gut als Anhänger an Ketten oder auch an Ohrringen. Eckige Schliffe ergeben sehr extravagante Ringe oder Armreifen. Und exotische Schliffe, die eher bei Farbsteinen als bei Diamanten zum Einsatz kommen, machen aus deinem Schmuckstück einen echten Hingucker. Der Rest ist Geschmackssache. Wir mögen am liebsten Tropfen, Kissen und Trillion-Schliffe. Wie steht es mit dir? Welche sind deine persönlichen Favoriten?

Beim Schliff als Preisfaktor geht es nicht bloß darum, in welcher Form der Stein geschliffen ist, obwohl prinzipiell der Brillant am beliebtesten und wertvollsten ist. Entscheidend ist auch, wie gut der Diamantschleifer seinen Job gemacht hat, sprich wie perfekt der Stein geschliffen ist.

Diamanten im Navetteschliff ergeben eine wunderhübsche Einrahmung für größere Edelsteine
Design: Vikar Ahmed, Foto: Harald Weninger

Der perfekt geschliffene Brillant entfaltet die optimale Strahlkraft, das schönste Feuer. Wenn die Proportionen nicht passen, wird das Licht an den Facetten und im Inneren des Steins nicht optimal gebrochen oder reflektiert, und dein Schmuckstück funkelt weit weniger spektakulär.

Wenn ein Diamant zu tief geschliffen ist, wiegt er mehr, der Verkäufer hat eventuell einen geringeren Gewichtsverlust beim Schleifen und kann so mehr Profit machen (man sagt, der Diamant ist "auf Gewicht geschliffen"). Optisch verliert der Diamant dadurch aber, er bekommt ein dunkles Zentrum, wenn man ihn durch die "Tafel" (also von oben, die Hauptansicht) betrachtet. Andererseits verlieren zu flach geschliffene Diamanten an Brillanz, von oben betrachtet

Beliebte Schliffformen für Diamanten – und andere Edelsteine
DiamondGalaxy / Shutterstock

kann der Stein ein sogenanntes "Fischauge" bekommen, einen runden hellen Ring, der durch die fehlende Tiefe des Steines entsteht.

Du musst kein Experte sein, um dir einen ersten Eindruck zu verschaffen, wie gut ein Stein geschliffen ist. Wenn du von oben in deinen Diamanten guckst und dunkle Bereiche erkennen kannst, so ist das suboptimal.

Wenn du eine echte Schmuckliebhaberin bist und öfters Juwelen kaufst, so kannst du dir auch die Anschaffung einer *Edelsteinlupe* überlegen.

Diese kleinen Instrumente passen gut in deine Handtasche, bieten eine 10fache Vergrößerung und erlauben es dir mit etwas Erfahrung, den Schliff – und auch die Reinheit – eines Edelsteins besser beurteilen zu können. Brauchbare Edelsteinlupen kannst du bereits ab rund € 50,- erwerben. Lass dich dafür aber beraten, kauf dir eine Triplet-Lupe (3 Linsen für verzerrungsfreies Betrachten) mit 10-facher Vergrößerung und nicht mehr. Wenn du kein Profi bist, wirst du mit stärkerer Vergrößerung weniger sehen als mit der standardisierten 10-fachen Lupe, du wirst nämlich über die normalen Einschlüsse "drüberstolpern" und die wichtigen Dinge übersehen.

Sehr kleine Steine werden heute maschinell geschliffen, doch selbst bei Viertel- oder Halbkarätern kommt bereits ein menschlicher Schleifer zum Einsatz. Leider ist dieses Kunsthandwerk

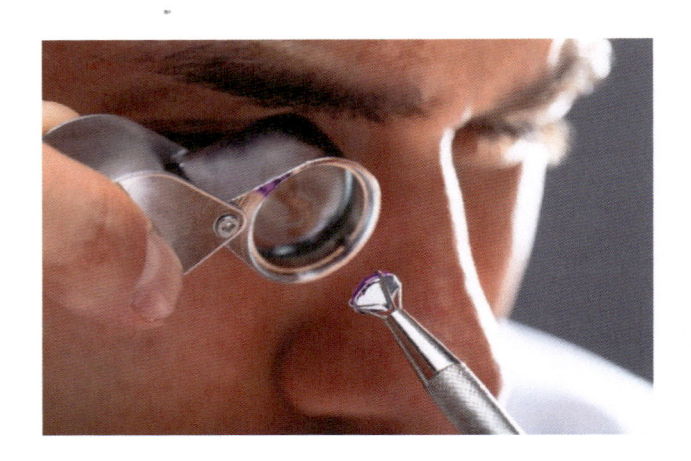

Mit Hilfe einer Edelsteinlupe kannst du dir einen ersten Eindruck von der Qualität eines Diamanten verschaffen
Andrey_Popov / Shutterstock

bei uns in Europa vom Aussterben bedroht, auch wenn die wenigen verbliebenen Meister hochgeschätzt werden. Wie man einem so winzigen Stein wie einem Viertelkaräter (Durchmesser nur 4,1 Millimeter!) 57 perfekt geschliffene Facetten verpassen kann, ist ein kleines Wunder. Ein Schleifer arbeitet mit chirurgischer Präzision und braucht den scharfen Blick eines Habichts.

Reinheit (clarity)

Ein weiterer Einflussfaktor auf den Preis eines Diamanten ist seine Reinheit. Aus Gründen der Verkaufspsychologie spricht man heutzutage lieber von *äußeren und inneren Merkmalen* als von *Einschlüssen*. Das klingt weniger nach einem Fehler und mehr nach einem einzigartigen Detail, das jeden Edelstein unverwechselbar macht. Was ja auch zutrifft.

Innere Merkmale
(Einschlüsse) eines Diamanten
Manutsawee Buapet / Shutterstock

Es gibt lt. GIA (Gemological Institute of America) elf verschiedene Reinheitsgrade, von "lupenrein" (FL, IF) über kleinste und kleine Einschlüsse (VVS, VS) bis hin zu I bzw. "piqué" (p).

Die Beschreibungen beziehen sich jeweils auf die sichtbaren Merkmale, wenn man den Stein unter 10facher Vergrößerung betrachtet. Sprich

Reinheitsgrade (GIA)		deutsch bzw. lt. CIBJO
FL	flawless	lupenrein
IF	internally flawless	
VVS1	very very slightly included	sehr sehr kleine Einschlüsse
VVS2		
VS1	very slightly included	sehr kleine Einschlüsse
VS2		
SI1	slightly included	kleine Einschlüsse
SI2		
I1	included	Einschlüsse / piqué (p1, p2, p3)
I2		
I3		

mit der Edelsteinlupe, die wir vorhin erwähnt haben. Die deutschen Bezeichnungen stammen von der CIBJO (World Jewellery Confederation mit Hauptsitz in Bern).

Es gilt: Je weniger Einschlüsse ein Diamant hat, desto höher ist sein Preis. Gerade bei kleineren Diamanten, die nicht im Zentrum eines Schmuckstücks stehen, sondern bloß ein anderes Juwel umrahmen oder z.B. blätterförmiges Beiwerk bilden, musst du nicht den besten Reinheitsgrad kaufen. Bis zu den SI-Graden (kleine Einschlüsse) hinunter sehen kleinere Diamanten mit freiem Auge absolut einwandfrei aus.

Wenn du Edelsteine allerdings eher als Wertanlage siehst, so empfiehlt es sich, nur Top-Ware zu kaufen. Also die beste Schliffqualität, möglichst lupenrein und in den Farben D oder E. Zur Farbskala für Diamanten kommen wir in unserem nächsten Abschnitt.

Schliff und Reinheit zusammengenommen sind für das berühmte "Feuer" eines Diamanten oder anderen Edelsteins verantwortlich. Also dafür, wie stark er funkelt, welche Brillanz er hat. Ein top geschliffener Stein mit hervorragender Reinheit kann mitunter fast blenden und übt auf Schmuckliebhaberinnen eine unwiderstehliche Anziehungskraft aus.

Farbe (color)

In den Auslagen der Juweliere finden sich meist nur weiße oder leicht gelbliche Diamanten, in Wahrheit ist jedoch das Farbspektrum des Diamanten erstaunlich groß. Die Farben von hochfeinem weiß bis gelblich werden heute mit den Buchstaben von D bis Z beschrieben. Teilweise sind aber auch noch die älteren Begriffe in Gebrauch. Vielleicht hast du schon einmal von einem *Top Wesselton* Brillanten gehört? Oder gar von einem *River*?

Wenn du das erste Mal einen "Farbvergleichssatz" siehst, in dem Brillanten (oder farbidente Imitationen) des besten Farbbereiches von D, E (hochfeines weiß) bis K (getöntes weiß) nebeneinander aufgereiht sind, wirst du sehen, dass die Farbunterschiede nur äußerst gering sind. Ohne direkten Vergleich mit anderen Steinen sind sie kaum sichtbar. Im gefassten Zustand ist die Unterscheidung übrigens noch schwieriger, da die Farbe der Fassung selbst (Gelbgold, Weißgold) Einfluss auf die Farbwahrnehmung des Steines hat. Seriöse Labors lassen sich daher bei der Farbeinstufung gefasster Diamanten auf keine exakte Einstufung ein.

Hier siehst du die alten und neuen bei uns üblichen Farbbezeichnungen für Diamanten (ausgenommen Fancy-Farben). D ist die beste Farbe (reinstes weiß), je weiter man zum Z kommt, desto gelber werden die Diamanten und desto weniger wertvoll sind sie.

Farbskala (GIA colour scale)		Alte Bezeichnungen	
D, E	colourless (farblos)	River (R, R+)	hochfeines weiß
F, G		Top Wesselton (TW, TW+)	feines weiß
H	near colourless (annähernd farblos)	Wesselton	weiß
I, J		Top Crystal (TC, TC+)	leicht getöntes weiß
K, L, M	faint (schwach gelblich)	Crystal	getöntes weiß
N, O, P, Q, R	very light (sehr leicht gelblich)	Top Cape - Cape	getönt 1-4 (deutliche Tönung)
S, T, U, V, W, X, Y	light (leicht gelblich)	light yellow	
Z		yellow	
FANCY YELLOW			

Farbige Diamanten

Diamanten, die nicht in das Farbspektrum von D bis Z fallen, werden als **Fancy Diamonds** bezeichnet. Mitunter erzielen diese farbigen Steine einen weit höheren Preis als ihre blasseren Artgenossen. Achtung bei Gelbtönen: Manche Händler versuchen, gelblich gefärbte Diamanten (S-Z) als teure Fancy Diamonds zu verkaufen, um so einen besseren Preis zu erzielen. Das Wort "fancy" muss definitiv in der Farbbezeichnung (Gutachten, Verkaufsbestätigung etc.) enthalten sein, sonst ist der Stein kein farbiger Diamant!

Bei Fancy Diamonds sind insbesondere folgende Farben sehr beliebt:

- ❖ rot
- ❖ rosa / pink
- ❖ blau
- ❖ grün
- ❖ gelb
- ❖ schwarz

Rote und pinkfarbige Diamanten sind besonders teuer. Preise, die das Zehnfache eines hochweißen Steins betragen, sind keine Seltenheit. Schwarze Diamanten (=**Carbonados**) wurden früher nur für industrielle Zwecke eingesetzt. (Aufgrund der Härte des Diamanten war er schon immer auch als Schleif- oder Schneidemittel beliebt.)

Heutzutage jedoch hat der schwarze Diamant auch in der Schmuckindustrie Einzug gehalten. Manchmal wird er geschliffen wie seine farbigen und weißen Geschwister, du kannst aber auch Colliers mit schwarzen Diamanten im "Rohschliff" erwerben. Das ist relativ kostengünstig (aktuell je nach Qualität um die € 400,- für ein einreihiges Collier) und sieht sehr extravagant aus.

Erlesene Schmuckstücke mit farbigen Diamanten

Rechts oben:
Mark S Johnson
Mitte links:
NPDESIGNTOP
Mitte rechts:
dani3315
Unten links:
NPDESIGNTOP
(alle / *Shutterstock*)

Unten Mitte: *Vikar Ahmed*

Die Argyle Diamantmine in Kimberley, Westaustralien – weltberühmt für ihre pinkfarbenen Diamanten
Keith Michael Taylor / Shutterstock

Das fünfte C

Neben den klassischen 4 C's ist in den letzten Jahren ein weiteres C dazu gekommen. Hier gibt es in der Literatur verschiedene Ansichten, oft wird das fünfte C mit *Confidence* (=Vertrauen) beschrieben. Durch die vielen künstlichen Diamanten, Diamantimitationen und auf die eine oder andere Weise behandelten (=künstlich verbesserten) Steine am Markt werden Kunden oft stark verunsichert. Sie sind daher immer mehr auf das Vertrauen in ihren Edelsteinhändler oder Juwelier angewiesen.

Was die Behandlungen anbelangt: Ein Diamant kann erhitzt, bestrahlt, beschichtet, lasergebohrt oder mit hohem Druck behandelt werden, um entweder seine Reinheit oder seine Farbe (oder beides zusammen) zu verbessern.

Es gilt jedoch, dass behandelte Diamanten im Wert deutlich hinter ihren naturbelassenen Kollegen zurückbleiben. Das Problem dabei ist, dass Behandlungen (englisch: *enhancements*) aller Art für den Laien praktisch nicht zu erkennen sind, und dass nicht jeder Edelstein-Verkäufer auch ehrlich angibt, ob und wie ein Edelstein behandelt wurde. Wir raten dir also, Juwelen nur beim Händler deines Vertrauens zu erwerben, beziehungsweise auf ein Gutachten eines anerkannten Instituts zu bestehen, wenn du Zweifel hast. Mehr dazu im Kapitel *Schmuck kaufen* bzw. im *Anhang*.

Diamanten so individuell wie du

Kein Diamant gleicht dem anderen – allein durch die unterschiedlichen Größen, Farben, Schliffe und Oberflächenmerkmale ergeben sich die unterschiedlichsten Möglichkeiten für dich, genau jenen Stein zu erwerben, der am besten zu dir passt. Darüber hinaus gibt es auch noch eine große Auswahl, wie ein Diamant (oder ein anderer Edelstein) gefasst werden kann.

Wir alle kennen den Brillanten als Solitärring – gefasst mit einem einzelnen, strahlend weißen runden Stein (der beliebteste Ring zur Verlobung). Oft sieht man in den Auslagen der Juweliere auch Brillantcolliers, Armbänder oder sogenannte Memory/Eternityringe, bei denen sich jeweils gleich große, meist runde oder quadratische Diamanten hübsch gleichförmig aneinander reihen.

Bei der Fassung eines Steins macht es auch einen großen optischen Unterschied, wie dieser auf dem Schmuckstück befestigt ist. Die gängigsten Möglichkeiten sind die sogenannte Krappenfassung und die Zargenfassung.

Solitärring und Memory-/Eternityringe
- beliebte Geschenke zur Verlobung und
zu Hochzeitsjubiläen
DiamondGalaxy / Shutterstock

Die *Krappenfassung* lässt das meiste Licht an deinen Diamanten, wodurch er optimal strahlen kann, sie bietet dem Stein aber nur minimalen Schutz. (Was bei einem Diamanten, dem härtesten aller Edelsteine, kein Problem darstellt. Bei weicheren Farbsteinen ist diese Fassung jedoch nicht zu empfehlen – siehe Kapitel *Pflege*).

Zarte Krappen lassen einen
Stein nahezu schweben

Links einfache Krappenfassung:
Mark S Johnson / Shutterstock
Rechts doppelte Krappenfassung:
Art_girl / Shutterstock

Die *Zargenfassung* hingegen lässt deinen Diamanten größer aussehen und schützt ihn besser, blockiert aber einen Teil des einfallenden Lichts.

Zargenfassungen für
unterschiedliche Schliffformen
DiamondGalaxy / Shutterstock

Neben diesen beiden Klassikern ist auch die *Pavé Fassung* einer unserer Favoriten. Dabei werden sehr kleine Edelsteine eng nebeneinandergesetzt und ergeben ein wunderbar glitzerndes Gesamtbild. Du kannst deinen Solitärdiamanten auf diese Art einrahmen, um ihn größer wirken zu lassen und seinem Funkeln den gebührenden Rahmen zu geben.

Außergewöhnliche Effekte lassen sich auch mit der sogenannten *eingeriebenen* Fassung erzielen. Dabei werden die Diamanten ganz ins Gold (oder sonstiges Material) versenkt – wodurch sie nicht nur optimal geschützt sind. Es ergibt sich auch ein sehr moderner Look, den auch Männer hervorragend tragen können.

Oben:
Pavé Fassung
Nipon Laicharoenchokchai / Shutterstock

Unten linker Ring:
Eingeriebene Fassung
Moojoice / Shutterstock

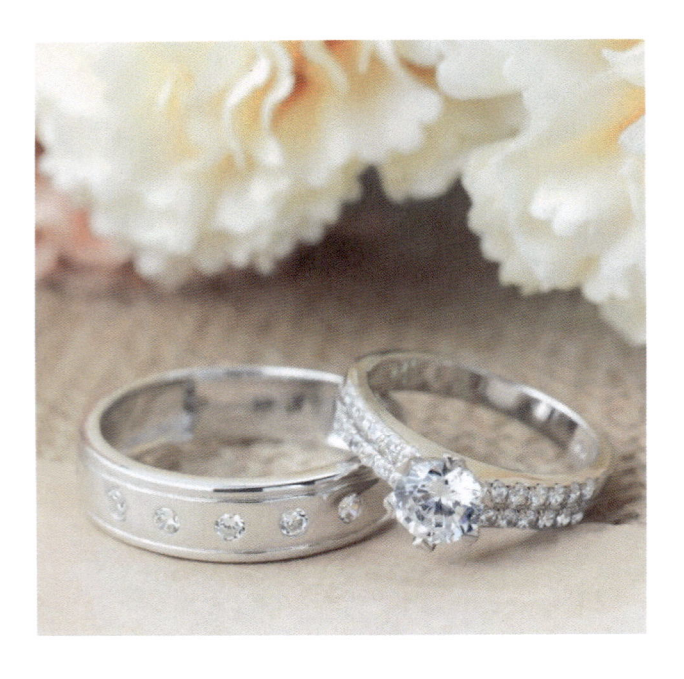

Darüber hinaus gibt es noch andere Fassungen, die wir aber hier nicht näher behandeln wollen (Kanalfassung, Balkenfassung, etc.), weil sie eher selten vorkommen.

Es ist nicht alles Diamant, was funkelt

Da der Diamant der beliebteste Edelstein der Welt ist, aber für viele Menschen unerschwinglich bleibt, werden Diamanten schon seit Jahrhunderten *imitiert*. Zum Beispiel mit Glas. Man bedient sich für preisgünstigen Schmuck auch gern anderer (Edel-)Steine, die dem Diamanten ähnlich sehen, z.B. Zirkon, künstlicher Zirkonia oder Bergkristall.

Seit den Anfängen des 20. Jahrhunderts wurden Versuche unternommen, Edelsteine auf künstliche Weise im Labor herzustellen (z.B. Verneuil-Verfahren). In den letzten Jahrzehnen gelang die Züchtung künstlicher Diamanten, und deren Qualität verbessert sich laufend.

In ersterem Fall spricht man von *Imitationen*, in zweiterem von *Synthesen*. Sehen wir uns beide einmal genauer an.

Insbesondere aus Asien drängen immer mehr synthetische Steine auf den Weltmarkt. Im Unterschied zur bloßen Imitation hat ein synthetischer Diamant die gleiche chemische Zusammensetzung und Kristallstruktur wie sein in der Natur gewachsener Vetter. Selbst mit einer guten Lupe hast du nicht die geringste Chance, hier einen Unterschied zu sehen.

Synthesen sind weit teurer als Imitationssteine. Sie können durchaus 20 – 30 % eines echten Diamanten kosten, aber das ist noch immer weit erschwinglicher und leider auch für betrügerische Händler eine attraktive Profitquelle. Gerade bei sehr kleinen Diamanten, sogenannter Mêlée-Ware, kann einem schon einmal eine

Synthese untergejubelt werden, und auch bei Farbdiamanten drängen zunehmend künstlich hergestellte Steine auf den Weltmarkt.

Was die Diamantimitationen anbelangt, so führt der künstliche **Zirkonia** (cubic zirconia = CZ) dieses Ranking unumstritten an. Er ist spottbillig zu haben (lediglich € 1-2 pro Karat) und kann es auf den ersten Blick durchaus mit einem Diamanten aufnehmen. Leider verliert er über die Jahre oft an Glanz oder wird bei schlechter Pflege sogar trüb.

Auch geschliffenes Glas, Strasssteine, Swarovski Kristalle werden als Diamantimitationen eingesetzt. Diesen Steinen fehlt es allerdings verglichen zum Diamanten von vornherein an Feuer. Der Unterschied ist mit freiem Auge, auch für einen geübten Laien, erkennbar.

Der Imitationsstein, der dem Diamanten am nächsten kommt, ist der sogenannte **Moissanit**.

Grünblaue Moissanite – nur der Fachmann kann sie von echten Diamanten unterscheiden
Jota_Visual / Shutterstock

Er sieht seinem nobleren Vetter täuschend ähnlich, hat ein fantastisches Feuer und ist das zweithärteste Mineral der Welt. Die im Handel erhältlichen Moissanite sind allerdings keine natürlichen Steine, es sind künstlich hergestellte Moissanite. Sie sind in den gleichen Farben wie natürliche Diamanten erhältlich – und das in perfekter Reinheit und zu einem Bruchteil des Preises. Pro Karat kostet ein Moissanit zwischen € 100 und € 500, also nur ca. ein Hundertstel dessen, was du für einen natürlichen Diamanten

Diamantimitationen sind teilweise nur schwer von echten Steinen zu unterscheiden
DiamondGalaxy / Shutterstock

gleicher Reinheit bezahlst. Damit ist der Moissanit zwar deutlich teurer als ein Zirkonia, aber optisch gibt er auch wesentlich mehr her.

Wenn du also schon immer einen strahlend funkelnden Fünfkaräter tragen wolltest, der auch für kritische Augen als Diamant durchgeht – mit dem Moissanit ist das erschwinglich.

Grundsätzlich wollen wir betonen, dass nichts gegen die Verwendung von Imitationen oder Synthesen spricht. Wichtig ist nur, dass diese auch korrekt deklariert und im Handel richtig bezeichnet werden. Du musst dir im Klaren sein, dass du mit dem Kauf von unechten Diamanten natürlich keine Wertanlage schaffst.

Leider musst du, was Synthesen und Imitationen anbelangt, ebenso vorsichtig beim

Diamantkauf sein, wie schon oben im Abschnitt über Behandlungen erwähnt.

Gerade bei Käufen im Ausland oder aus dubiosen Quellen kann dir schon einmal ein Moissanit oder Zirkonia als echter Diamant untergejubelt werden. Und wenn es um Synthesen geht, so braucht selbst der erfahrene Gemmologe eine gehobene Laborausrüstung, um eine Fälschung zu entlarven. Im Zweifelsfall raten wir dir, auf ein anerkanntes Gutachten zu bestehen, beziehungsweise die Finger ganz von einem Risiko-Kauf zu lassen.

Brosche mit künstlichen Zirkonia
Watcharin S / Shutterstock

Altschliffe - ein kurzer Exkurs in die Historie

Wenn du gern Schmuck aus früheren Tagen auf Auktionen erwirbst, so ist dir bestimmt schon der sogenannte ***Altschliff-Diamant*** untergekommen.

Bevor im frühen zwanzigsten Jahrhundert der Brillantschliff aufkam, und noch lange danach, war diese Schliffform sehr beliebt. Sie sieht dem Brillantschliff mit freiem Auge recht ähnlich und verfügt ebenfalls über 57 oder 58 Facetten. Deren Form und Anordnung ist nur etwas anders.

Altschliffdiamanten sind meist nicht exakt rund, sondern haben noch eine etwas abgekantete Form, die aus der ursprünglichen Oktaederform des Rohsteins herrührt. Sie besitzen einen viel höheren Oberteil (Krone), eine kleinere Tafel (Hauptfacette) und eine oft von oben (durch die Tafelfacette) sichtbare abgeschnittene Spitze (Kalette). Das ist die 58. Facette am Unterteil, die in modernen Brillanten gar nicht mehr oder nur ganz klein ausgebildet ist.

Diamanten im Altschliff

Auf dem zweiten Bild kannst du die abgeschnittene untere Spitze des Steins gut erkennen

Stellarit /Shutterstock

Gerade derzeit sind Altschliff-Diamanten wieder in Mode. Sie sind auch im Preis deutlich

Antike Schliffformen im Vergleich
Unser "Altschliff" heißt international "Old European Cut" –
ganz unten rechts im Bild zu sehen
DiamondGalaxy / Shutterstock

günstiger (oft 20 - 40%) als Brillanten und somit eine gute Möglichkeit, beim Juwelenkauf Geld zu sparen.

Viele Menschen erkennen gar keinen Unterschied zwischen den beiden. Tatsächlich ist das Feuer der Altschliff-Diamanten in der Regel etwas geringer. Wenn du einen solchen Stein günstig erwerben kannst oder vielleicht ein Erbstück zu Hause hast, gibt es auch die Möglichkeit, ihn umschleifen zu lassen. Dadurch wird der Stein natürlich kleiner (Gewichtsverlust) und der Umschliff kostet Geld, dafür ist der neue Stein dann pro Karat deutlich wertvoller, und du hast de facto ein "brandneues" Juwel, das – dank Brillantschliff – seine volle Strahlkraft entfalten kann. Hier muss man abwägen, ob sich diese Investition tatsächlich lohnt. Dafür ist auf alle Fälle professionelle Unterstützung erforderlich.

Achtung: Seit dem Aufkommen von Synthesen in großen Mengen werden auch synthetische Diamanten in Altschliff-Form auf dem Markt gefunden. Viele Käufer glauben fälschlicherweise, sich bei antiken Steinen keine Sorge um Betrug machen zu müssen. ("Damals hat es ja noch gar keine Synthesen gegeben.") Das wird von findigen Fälschern leider ausgenutzt.

Darüber hinaus werden gerade bei antikem Schmuck z.B. fehlende Steine oft durch Imitationen oder Synthesen ersetzt.

Neben dem Altschliff (internationale Bezeichnung: *Old European Cut*) gibt es zahlreiche weitere, noch ältere Schliffformen, die man insbesondere in antikem und Vintage Schmuck häufig vorfindet.

Früher war es wegen der großen Härte des Diamanten kaum möglich, den Stein überhaupt zu facettieren. Man hat sich anfangs auf das Spalten und Polieren der Ansichtsflächen beschränkt (Spitzstein, Tafelstein ab dem 15. Jhdt.).

Im Barock wurden Diamanten erstmals

geschliffen, jedoch gab es nur eine facettierte Oberseite, die Unterseite des Steins war eben (Rosenschliffe).

Erst um 1910 wurde der Brillant-Schliff mit seinen speziellen Proportionen und 57 - 58 Facetten entwickelt. Auch hier gibt es noch verschiedene Varianten, die durch Versuche und mathematische Berechnungen entstanden sind, um den "perfekten Schliff" zu finden (z.B. Tokowsky-Schliff, Ideal-Brillant, Feinschliff der Praxis etc.).

Die Unterschiede zwischen den modernen Schliff-Varianten sind für den Laien praktisch nicht erkennbar, schlagen sich aber in Gutachten nieder.

Vom Blutdiamanten zur Nachhaltigkeit?

Prinzipiell sind Edelsteine nachhaltige Produkte, sie sind extrem haltbar und überdauern meist Generationen von Trägerinnen.

Themen, die aber immer wieder in den Medien aufgegriffen werden, sind die ethischen Bedenken beim Kauf von Diamanten oder Farbsteinen und der Umweltschutz.

Hersteller von Synthesen oder Imitationen verweisen oft darauf, dass ihre Steine nicht unter fragwürdigen Bedingungen abgebaut wurden oder zur Finanzierung blutiger Konflikte herangezogen werden. Zuerst einmal vorweggenommen: Du wirst dir nie ganz sicher sein können, dass dein edler Stein nicht zumindest aus Minen stammt, in denen fragwürdige Arbeitsbedingungen herrschen. Sicherheitsaspekte der Arbeiter werden mitunter kaum in Erwägung gezogen, und oft wird die einheimische Bevölkerung regelrecht ausgebeutet. Das verhält sich leider bei vielen anderen Produkten, die wir gerne kaufen, nicht besser – sei es in der Modeindustrie, bei Möbeln, Schuhen, Spielzeug etc.

Auf der positiven Seite gibt es heutzutage aber auch weltweit Initiativen von Firmen, Ländern oder Nonprofit-Organisationen, die darauf abzielen, diese Situation zu verbessern. Auf die eigenen Mitarbeiter und die Umwelt Rücksicht zu

Die schillernde Welt der Edelmetalle und Juwelen hat eine dunkle Schattenseite: Abwässer einer Goldmine in Guyana
kakteen / Shutterstock

nehmen, trägt ja auch zu einem besseren Image des Edelsteinabbaus bei und wird heute von vielen Konsumenten erwartet.

Die CIBJO (Internationale Vereinigung Schmuck, Silberwaren, Diamanten, Perlen und Steine) als wichtigste Organisation für Schmuck und Edelsteine hat dem Handel Regelungen vorgegeben, wie mit der ethischen Verantwortung umgegangen werden soll ("Ethische Verantwortung im Handel mit Diamanten, Edelsteinen, Perlen und Korallen", CIBJO 2018). Einige Länder (z.B. Sri Lanka) versuchen beispielsweise durch ein Ausfuhrverbot von Rohsteinen (in diesem Fall Saphire) die lokale Wirtschaft zu fördern, indem die Steine zumindest im eigenen Land weiterverarbeitet werden müssen.

Bei den Diamanten ist das Thema *Blutdiamanten* seit den 1990er Jahren medienbekannt. Einige kriegsführende Länder wurden damals von der UNO mit Handelssanktionen belegt. Seit

Luftaufnahme einer Diamantmine. Der Abbau erfolgt heute professionell mit schwerem Gerät und unter modernen Qualitätsstandards. Die Arbeitsbedingungen für die Menschen sind dadurch sicher verbessert worden, die Folgen für die Umwelt sind aber beträchtlich.
Alice Nerr / Shutterstock

2000 versuchten mehrere diamantenproduzierende afrikanische Länder, Regeln für den Verkauf von Diamanten sowie herkunftsorientierte Verkaufszertifikate für den Handel zu erstellen.

Schließlich wurde der **Kimberley-Prozess** erarbeitet, der sicherstellen soll, dass Diamanten nur aus Ländern kommen, die Konflikte nicht mit Diamantenhandel finanzieren. Seit 2002 gibt es auch eine EU Verordnung dazu, die regelt, dass nur Diamanten mit Zertifikation des Kimberley-Prozesses in die EU eingeführt werden dürfen. Derzeit beteiligen sich lt. unseren Recherchen die EU und 53 weitere Einzelstaaten an diesem Prozess.

Das heißt aber nicht, dass du für deinen Diamanten, den du beim Juwelier kaufst, ein diesbezügliches Zertifikat erhältst. Die Bestimmungen betreffen den Großhandel, der für die ordnungsgemäße Einfuhr verantwortlich ist.

Es gibt Kritiker, die dieses System als unzureichend verurteilen. Unserer Ansicht nach ist es zumindest ein Schritt in die richtige Richtung, auch wenn es keine 100%ige Sicherheit über die Herkunft deiner Diamanten gibt.

Die Zerstörung der Umwelt ist beim Edelsteinabbau natürlich auch ein großes Thema. Leider werden oft die wirtschaftlichen Interessen vor den Umweltschutz gestellt, was eine höchst kurzsichtige Perspektive ist.

Vielleicht ist das Thema Nachhaltigkeit für dich ein Anreiz, dir auch einmal Schmuck bzw. Edelsteine aus zweiter Hand anzusehen. In Kapitel 5 findest du Überlegungen zum Schmuckkauf in Auktionshäusern. Die dort angebotenen Stücke wurden zumindest nicht für dich frisch aus der Erde geholt.

Saphirabbau in Sri Lanka: Die meisten Minen sind hier klein, und der Abbau erfolgt unter nachhaltigen Gesichtspunkten. Die Regierung sorgt dafür, dass ein gewisser Teil der Wertschöpfung (z.B. auch das Schleifen der Edelsteine) im Land verbleibt. Edelsteinhändler, die nach Fair Trade Prinzipien tätig sind, sehen auch selbst vor Ort nach dem Rechten und investieren in ihre Partner und Mitarbeiter.
CEYLONS | MUNICH

KAPITEL 3
Der schönste Regenbogen der Welt: FARBEDELSTEINE

Edelsteine sind in den leuchtendsten Farben des Regenbogens erhältlich
STUDIO492 / Shutterstock

Auch wenn die Auslagen der Juweliere im deutschsprachigen Raum noch immer stark von Diamanten dominiert werden (oder allenfalls von den Big 3 – Smaragd, Rubin, Saphir), so kannst du als Schmuckliebhaberin heutzutage doch aus einer nie dagewesenen Fülle an Farbedelsteinen wählen. Alle Farben des Regenbogens von zart pastellig bis zu neongrellen Tönen hat die Natur (mit der einen oder anderen helfenden Hand des Menschen) für dich im Angebot. Sogar mehrfärbige Steine sind erhältlich, oder noch exotischere Exemplare – die Chamäleons des Mineralreichs – die ihre Farbe wechseln, je nachdem, ob du sie bei Tages- oder Kunstlicht betrachtest.

Generell empfehlen wir dir, beim Kauf eines Farbjuwels den fraglichen Stein sowohl bei künstlichem Licht als auch im Freien zu begutachten. Manche Edelsteine sehen unter Naturlicht toll aus, wirken dann aber im Ballsaal unter dem Kronleuchter weit weniger spektakulär. Es macht Sinn, darüber nachzudenken, unter welchen Bedingungen du dein neues Schmuckstück am häufigsten tragen wirst. In den meisten Fällen trifft wohl zu, dass wir Juwelen eher abends, bei künstlichem Licht ausführen.

Du kannst Farbedelsteine zu allen Anlässen tragen bzw. schenken. Selbst der Verlobungsring muss heutzutage nicht mehr unbedingt ein Diamant sein. Nicht einmal im britischen Königshaus! William schenkte seiner Kate jenen Saphir-Verlobungsring, den schon seine Mutter Diana trug. Und viele Frauen in der ganzen Welt ließen sich daraufhin ein ähnliches Schmuckstück anfertigen.

Die 4 C´s der Farbenwelt

Die Preisfaktoren, die wir eben bei Diamanten besprochen haben, gelten auch bei Farbsteinen. Nämlich die 4 C´s: Karat, Farbe, Schliff und Reinheit.

Manche Experten behaupten aber, dass die 4 C´s bei Farbedelsteinen folgendermaßen lauten: Colour, Colour, Colour, Colour! Und da ist was Wahres dran. Denn die *Farbe* ist der mit Abstand wichtigste Faktor, wenn es um den Preis eines Farbsteins geht. Entscheidend ist dabei die Farbintensität, teilweise auch der Farbton und natürlich die Leuchtkraft, die der Stein entfaltet. Die Frage, ob das bewusste Juwel gleichmäßig gefärbt ist, spielt ebenfalls eine Rolle. Dir werden zum Beispiel Steine begegnen, die am Rand sehr schön und intensiv gefärbt sind, im Zentrum aber blass, ja fast durchsichtig erscheinen. In diesem Fall spricht man von einem *Fenster*, und der fragliche Edelstein ist weniger wert als einer seiner gleichmäßig intensiv gefärbten Vettern.

Dieser Aquamarin hat ein Fenster –
in der Mitte kann man durch den
Stein durchsehen
hacohob / Shutterstock

Zum Faktor *Reinheit*: Manche Farbsteine (z. B. Smaragde) haben oft deutlich sichtbare Einschlüsse – pardon, innere Merkmale – aber das nimmt der Farbsteinliebhaber eher als Natürlichkeitsbeweis, anstatt darin ein allzu großes Problem zu sehen. Der Preis wird davon zwar negativ beeinflusst, aber bei weitem nicht so stark wie bei Diamanten.

Smaragdring – die Einschlüsse des Steins
sind mit freiem Auge zu erkennen
dantess / Shutterstock

Bei relativ preisgünstigen Edelsteinen wie dem Quarz oder dem Aquamarin hingegen kommen praktisch nur nahezu augenreine Steine in den Handel. Schlicht deshalb, weil es ein großes Angebot davon gibt. (Anmerkung: Von *lupenrein* spricht man bei Diamanten, bei Farbsteinen heißt es *augenrein*.)

Was das Gewicht von Farbedelsteinen anbelangt – also den *Preisfaktor Karat* – so musst du wissen, dass gleich schwere Steine unterschiedlich groß sein können.

Erstens unterscheiden sich die Farbedelsteine voneinander (und vom Diamanten) durch ihre unterschiedliche *Dichte*. Ein Stein mit größerer Dichte ist bei gleichem Karat-Gewicht kleiner als ein weniger dichter.

Beispielsweise sind Rubine oder Saphire relativ "schwere" Steine. Beide haben eine Dichte von ca. 4 g/cm³. (Sie sind eigentlich das gleiche Mineral – Korund.)

Berylle (Aquamarin, Smaragd, Morganit)

hingegen sind eher "leichte" Edelsteine mit einer Dichte um 2,7 g/cm³. Ein einkarätiger Smaragdring sieht daher größer aus als ein einkarätiger Rubinring.

Zweitens werden Edelsteine oft "auf Karat geschliffen". Weil ein schwererer Stein ja teurer verkauft werden kann als ein leichterer, wird oft versucht, beim Schleifen aus dem Rohstein das Maximum an Karatgewicht herauszuholen. Das Ergebnis sind mitunter sehr tiefe Steine. Sie bringen zwar eine hohe Karatzahl auf die Waage, sehen aber von oben betrachtet kleiner aus als gleich schwere Kollegen. Und in Schmuck gefasst betrachten wir Steine praktisch ausschließlich von oben. Oft sind solche Steine auch sehr dunkel und weisen geringe Brillanz auf.

Ein überproportional tiefer Stein kann auch Probleme mit sich bringen, wenn du ihn z.B. in einen Ring fassen willst. Das Schmuckstück

Je nach Geschmack lassen sich mit Farbedelsteinen dramatische Kontraste oder auch harmonische Farbverläufe inszenieren

Turmalin-Armbänder
Vikar Ahmed

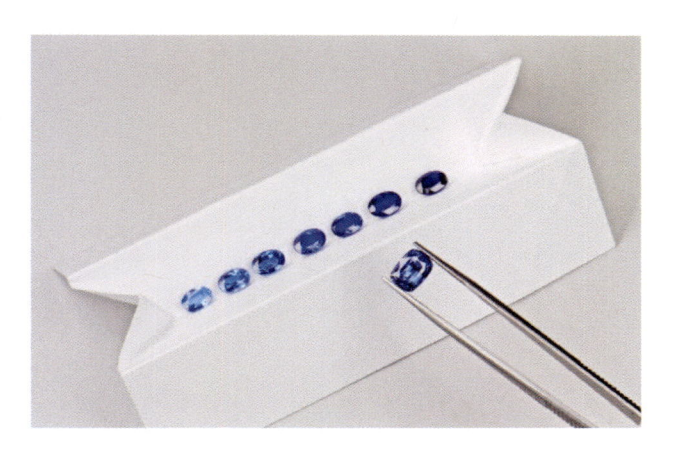

Saphire in unterschiedlichen Farbschattierungen. Besonders beliebt sind hier die intensiveren und dunkleren Farbnuancen.
DmitrySt / Shutterstock

braucht dann einen übermäßig hohen Aufbau, damit der Stein darin Platz findet.

Die Preiskurve nach Karat (also nach Gewicht des Steins) steigt bei manchen farbigen Edelsteinen nicht so dramatisch an wie bei anderen (oder bei Diamanten). Aquamarine, Peridots, Amethyste oder Topase beispielsweise sind durchaus in stattlicher Größe erhältlich, ohne dass man dafür den zehn- bis zwanzigfachen Karatpreis im Vergleich zu einem kleineren Exemplar berappen müsste. Im Gegenteil: Manche Steine bekommen erst durch ihre Größe eine intensive Farbe, und es ist schwieriger (und somit teurer), kleinere Exemplare in der gleichen Farbintensität zu finden (z.B. beim Aquamarin).

Der *Schliff* ist natürlich auch bei Farbsteinen wichtig. Ein schief oder suboptimal geschliffener Stein wird einen niedrigeren Preis erzielen, aber auch hier ist die damit verbundene Wertminderung nicht so dramatisch wie beim Diamanten. Einen schlecht geschliffenen Edelstein erkennt man oft schon daran, dass er kein Feuer, kein Funkeln und kein Leben hat.

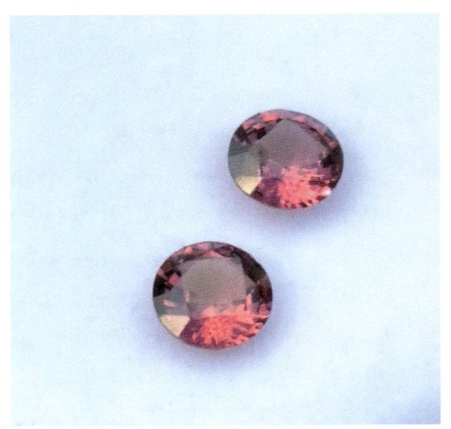

Bei Farbedelsteinen sind ebenso vielfältige
Schliffformen wie bei Diamanten möglich

Von oben links nach unten rechts:
Chrysorberyll im Trillionschliff – *Bernhard Weninger*
pinker Saphir im Ovalschliff - *Kanthapohn Kate / Shutterstock*
Tansanit im Kissenschliff – *Bernhard Weninger*
Rubin im Marquiseschliff – *Dr. Thomas Schröck*
Royal Indigolith im Tropfenschliff – *Vikar Ahmed*
Spinelle im Rundschliff – *Bernhard Weninger*
Kunzit im Smaragdschliff – *Bernhard Weninger*
grüner Turmalin im Princessschliff – *Vikar Ahmed*

Beginnen wir nun mit den bekanntesten Vertretern der Farbsteinwelt:

Die großen Drei

Rot, grün und blau – mit diesen Farben assoziiert man im Edelsteinreich ganz automatisch Rubin, Smaragd und Saphir. Dass es noch viele andere Steine in diesen Farben gibt, zeigen wir dir im Anschluss.

Noch Saphir (links) – oder schon Rubin (rechts)? Die Farbunterschiede sind oft marginal.
Bernhard Weninger

Ring mit Rubinen und Diamanten
photo-world / Shutterstock

Wusstest du, dass es sich beim **Rubin** und beim **Saphir** eigentlich um den gleichen Edelstein handelt? Beide sind *Korunde*, sehr harte und robuste Mineralien, und der einzige Unterschied zwischen ihnen ist die Farbe: Rubine müssen rot sein, allerhöchstens mit einem pinken oder leicht violetten Unterton. Saphire hingegen gibt es neben dem klassischen blauen Farbton auch in farblos, gelb, orange, pink, violett, türkis, grün ... also in einer ziemlich beeindruckenden Vielfalt.

Der Farbunterschied zwischen einem Pink Saphir und einem Rubin ist häufig verlaufend. Die Einstufung wird oft von verschiedenen Experten unterschiedlich beantwortet. Der zweite Fall ist, zumindest finanziell gesehen, der bessere: Rubine sind deutlich teurer als Saphire.

Die begehrtesten Rubine stammen aus Myanmar (Burma), die Top-Farbe wird gern mit dem fantasievollen Begriff *Taubenblutrot* umschrieben (ein tief leuchtendes Rot mit einem Stich ins

Ohrringe mit Rubinen – eingerahmt von Diamanten im Navetteschliff
STUDIO492 / Shutterstock

ändert. Dunkle Steine können heller werden, Farben können sich intensivieren, störende Brauntöne verschwinden etc.

Bläuliche). Andere Vorkommen gibt es in Vietnam, Thailand, Sri Lanka, Tansania etc.

Was den blauen Saphir anbelangt, so gilt der intensive *kornblumenblaue* Farbton als der begehrteste. Die dunklen, teilweise fast schwarzblauen Steine, die man leider oft in Saphirschmuck findet, und denen es an Feuer und Glanz mangelt, sind minderwertige Qualitäten.

Bei den Saphiren sind die Abbauregionen mit den beliebtesten Steinen Burma und Kaschmir (Indien). Wunderschöne Steine findet man aber auch in Sri Lanka (Ceylon), Madagaskar und Tansania.

Eine besonders reizvolle Spielart des Saphirs ist der sogenannte **Padparadscha Saphir** (benannt nach dem Sanskrit-Namen der Lotusblüte). Er ist pink und orange und das irgendwie gleichzeitig – sehr begehrt, selten und dementsprechend teuer.

Die große Mehrheit aller schleifwürdigen Korunde (bis zu 99%) sind heutzutage *behandelt*. Sie werden bei starker Hitze (bis zu 1700 Grad Celsius) gebrannt, wodurch sich ihre Farbe

Links oben: Rubin Ohrringe
Nasimi Babaev / Shutterstock

Links Mitte: Rubin Ring
STUDIO492 / Shutterstock

Mitte oben: Saphir Ohrringe
Art of Life / Shutterstock

Mitte unten: Padparadscha Saphir
Rechte Seite: Rohe und geschliffene Saphire
CEYLONS | MUNICH

39

Wie bei allen Naturprodukten gilt: Die naturbelassene Variante in guter Qualität ist einfach seltener, begehrter und damit wesentlich teurer.

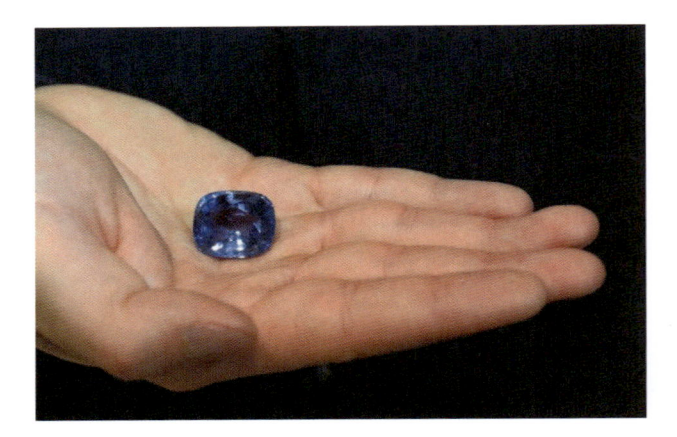

Dieser Traum-Saphir (nicht erhitzt) bringt stolze 43 Karat auf die Waage
CEYLONS | MUNICH

Während allerdings beim Diamanten ein *Enhancement* noch sehr naserümpfend hingenommen wird, ist z.B. das Erhitzen beim Saphir bereits als handelsübliche Standardbehandlung anerkannt und muss in Edelsteingutachten nicht mehr separat ausgewiesen werden. Dass Saphire darüber hinaus mit Zusatzstoffen (z.B. Beryllium) gebrannt oder radioaktiv bestrahlt werden, um sie farblich zu verbessern, ist dagegen bei Gemmologen und Schmuckliebhabern (noch) verpönt.

Darüber hinaus werden auch beim Saphir und Rubin zunehmend hochqualitative Synthesen produziert. Darüber hinaus kann es auch vorkommen, dass Risse mit Bleiglas gefüllt werden. Manchmal überwiegt sogar schon der Anteil des Bleiglases im "Rubin".

Diese Behandlungen sind ohne genauere Untersuchung bzw. vom Laien kaum zu erkennen, die dadurch entstehende Wertminderung ist hingegen beträchtlich. Auch hier gilt leider: Sei kritisch beim Shopping und verlange gegebenenfalls bei teuren Steinen ein anerkanntes Gutachten.

Bei Farbedelsteinen treten zuweilen wunderschöne optische Effekte auf. Bei Saphiren und Rubinen gibt es beispielsweise den sogenannten *Asterismus*. Wenn du unter einer konzentrierten Lichtquelle von oben auf deinen (rund geschliffenen) Stein guckst, und darin ein sternförmiges Muster erkennen kannst, so besitzt du einen seltenen **Sternsaphir/-rubin**. Ein wahrhaft magisches Juwel!

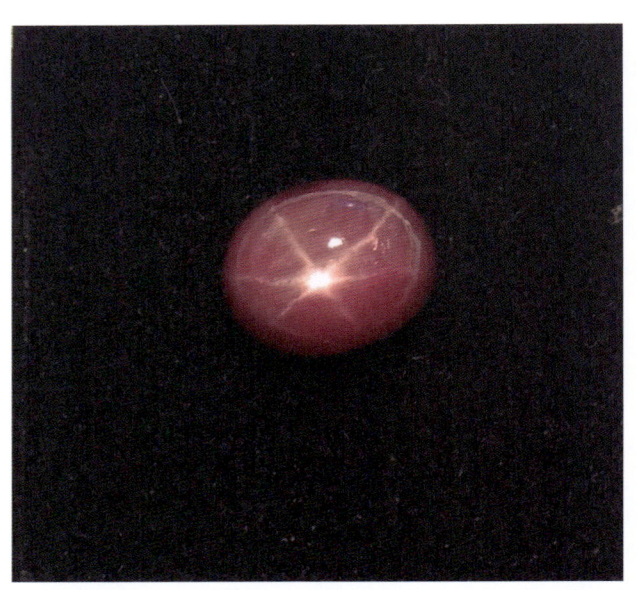

Sternrubin
Bernhard Weninger

Ringe mit Sternrubin und Sternsaphir
Raksak Raksa / Shutterstock

Es gibt in der Farbedelsteinwelt auch noch andere optische Effekte, z.B. Farbwechsel, Mehrfarbigkeit etc. – Darauf werden wir später noch eingehen.

Smaragd im Smaragdschliff
Dr. Thomas Ströck

Der Letzte der großen Drei ist der grüne **Smaragd**. Er gehört zur Mineralgruppe der *Berylle* und ist nicht ganz so hart wie Rubine oder Saphire. Auch er gehört zu den beliebtesten und teuersten Farbedelsteinen. Die gesuchteste Farbe des Smaragds wird als *frisches, grünes Gras* beschrieben, und das begehrteste Herkunftsland ist Kolumbien.

Smaragde haben praktisch immer Einschlüsse, die oft als individueller "jardin" (=französisch für Garten) eines Steins bezeichnet werden. Wenn man dir also ein größeres augenreines Exemplar anbietet, so ist Skepsis angebracht. Synthetisch hergestellte Smaragde gibt es schon seit langer Zeit, hochwertige Synthesen werden allerdings auch schon bewusst mit gewissen Einschlüssen produziert, die den unwissenden Käufer verwirren können.

Smaragde werden im Gegensatz zu den Korunden nicht gebrannt (erhitzt), da die häufig einschlussreichen Steine bei dieser Behandlung springen würden. Die speziell für den Smaragd entwickelte Schliffform (Emerald Cut = Smaragdschliff) wurde mit Rücksicht auf diese Stoßempfindlichkeit des Steins entwickelt.

Roher Smaragd

Bild oben: *Naturhistorisches Museum Wien, Foto: Alex Wagner*

Bild links: *photo-world / Shutterstock*

Was die Behandlungsmöglichkeiten des Smaragds anbelangt, so werden die bei diesem Stein häufig auftretenden Risse gern mit Ölen (oder auch anderen Stoffen) gefüllt – und das schon seit der griechischen Antike. Wenn dir beteuert wird, dass die Einschlüsse in Smaragden normal und vielleicht sogar der *Charme des Natürlichen* sind, so kann das sehr wohl für ein Schmuckstück, welches daraus gefertigt wird, problematisch sein. Besonders oberflächennahe Risse, die du wegen der Rissfüllung vielleicht gar nicht sehen kannst, oder große Einschlüsse können dazu führen, dass der Edelstein unter Beanspruchung (beim Tragen, Reinigen, aber auch schon beim Fassen) springt.

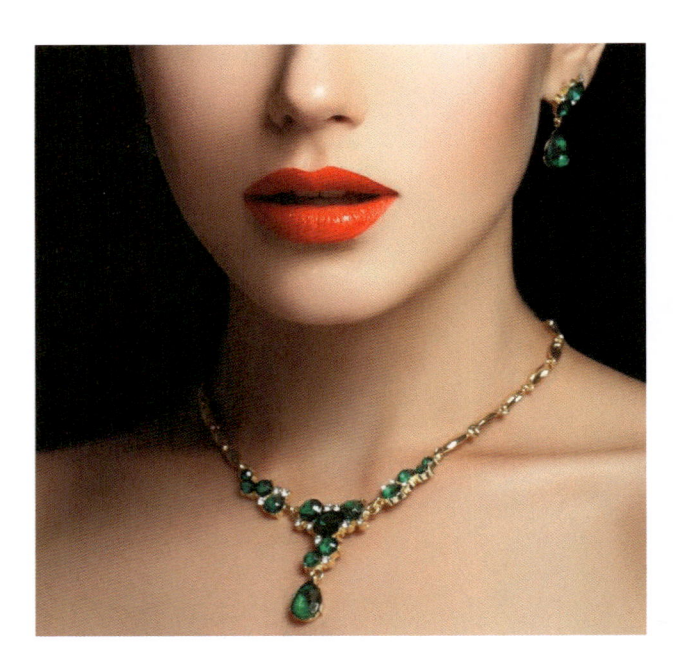

Smaragd Colliers

Oben: *Re_sky / Shutterstock*
Links: *Venus Angel / Shutterstock*

Unten: Schmuck mit Morganiten in Roségold – wenig bekannte Vetter der Smaragde
STUDIO492 / Shutterstock

Die wertvollsten Smaragde in bester Farbe kommen aus Kolumbien (Muzo, Chivor). Brasilianische Steine sind gewöhnlich heller, haben aber auch weniger Einschlüsse. Auch im Uralgebiet (Russland), in Sambia, Afghanistan etc. finde man heute Smaragde.

Das einzige in Europa bedeutende Fundgebiet ist das in Österreich gelegene Habachtal. Die Smaragde haben dort zwar schöne Farben, sind aber oft rissig, trüb und leider kaum schleifwürdig. Für Sammler von Mineralien sind sie aber trotzdem interessant.

Andere Vertreter der Beryll-Familie sind der *Aquamarin*, den wir im folgenden Abschnitt über *Günstige Schätze* besprechen werden, der rosafarbene *Morganit*, der *Heliodor* sowie der *Goldberyll*. Sie sind in der Regel preisgünstiger als Smaragde und allesamt wunderschöne Edel- oder Schmucksteine.

Es gibt noch weitere Beryllfarben, diese sind aber im Schmuckmarkt kaum von Bedeutung.

Eine Erwähnung finden sollte noch eine besondere Wachstumsstruktur, die beim Smaragd (manchmal auch beim Rubin) vorkommt: der seltene Trapiche Smaragd (das Wort kommt aus dem Spanischen und bedeutet so viel wie "Zahnrad").

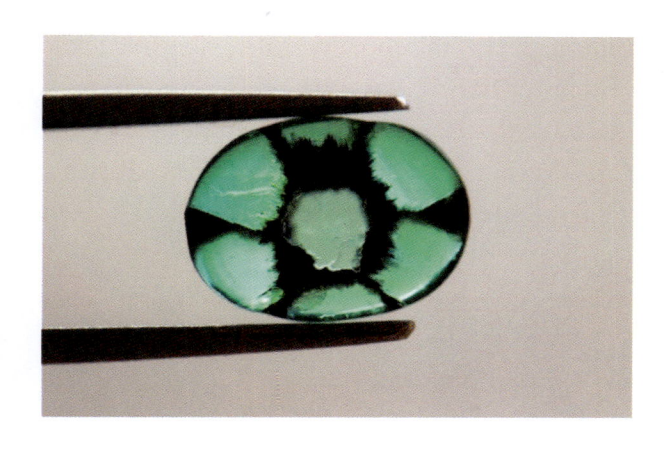

Günstige(re) Schätze

Während die großen Drei zu den teuersten Edelsteinen gehören, gibt es auch herrliche Farbedelsteine zu weit erschwinglicheren Preisen. Wenn du ein einzigartiges Schmuckstück tragen möchtest, einen echten Hingucker, dafür aber nicht ein paar Monatsgehälter ausgeben willst, bist du in diesem Abschnitt genau richtig.

Natürliche sind die Preise auch bei diesen günstigeren Schätzen von den schon besprochenen Faktoren abhängig – also von Größe, Farbintensität, von Reinheit und Schliff. Herausragende Steine sind auch hier mitunter schmerzhaft teuer. Für € 100,- bis € 500,- pro Karat kannst du aber bereits sehr schöne Exemplare erstehen.

Diese zweifarbigen Steine sind in ihrem Kristallwachstum mit dunkel gefärbtem Albit oder Calzit räderartig zusammengewachsen, sodass sich ein sechsstrahliges Sternmuster ergibt, wenn man den Edelstein senkrecht zu seiner Wachstumsachse durchschneidet. Trapiche Smaragde wurden lange Zeit nur in Kolumbien gefunden, mittlerweile gibt es auch andere Fundstellen. Die so geschliffenen Smaragdscheiben sind begehrte und seltene Steine für Anhänger, Broschen oder ähnliches.

Oben:
Seltener Trapiche Smaragd
aus Kolumbien
Bernhard Weninger

Unten:
Ring mit kolumbianischen
Smaragden und Diamanten
photo-world / Shutterstock

Aquamarin im Tropfenschliff
Bernhard Weninger

Wenn du zartes Hellblau bis hin zu kräftigem Himmelblau liebst, so ist der **Aquamarin** der ideale Stein für dich. Die schönsten Exemplare kommen aus Brasilien, und das kräftigere Blau ist begehrter (und teurer) als das blassere. Nicht erwünschte Grüntöne werden oft durch Hitzebehandlungen entfernt.

Farbe und Klarheit dieses Edelsteins haben etwas Ätherisches. Man könnte sich problemlos eine Waldelfe vorstellen, die Aquamarin-

Oben:
Kette und Ohrringe mit Aquamarinen im begehrten Santa Maria Blau
Vikar Ahmed

Unten:
Aquamarin Ring
daphnusia / Shutterstock

Roségold Ring mit cognacfarbenem Topas
Dimj / Shutterstock

lässt sich schon ein sehr beeindruckendes Schmuckstück kreieren. Ein Anhänger vielleicht, der deine Freundinnen vor Neid erblassen lässt, oder Ohrringe, die mit praktisch jeder Haarfarbe harmonieren.

Schmuck trägt. Nicht umsonst gilt dieser Stein auch als Symbol von Jugend, Hoffnung und Gesundheit – ja es wird sogar behauptet, dass der Aquamarin seiner Besitzerin neue Freunde oder gar die große Liebe bringen kann.

Wie schon erwähnt, gehört der Aquamarin zur Beryll-Familie und ist damit einer der Geschwister des Smaragds. Steine bis zu 15 Karat sind halbwegs erschwinglich zu haben – und damit

Leicht verwechseln lässt sich der Aquamarin mit dem **Topas**, der von Natur aus in ähnlichen Blautönen zu finden ist. Topase werden allerdings in den allermeisten Fällen farbbehandelt (bestrahlt), was zu unterschiedlich hellen und kräftigen (türkis-)blauen Farbtönen führt, die beinahe wie Neonlicht leuchten (Handelsbezeichnungen für Topasfarben: Skyblue, Londonblue, Swissblue).

Der Topas ist – je nach Qualität des Steins – meist noch günstiger als der Aquamarin zu haben. Neben blauen Vertretern gibt es auch traumhafte Exemplare in pink, orange, gelbgrün oder violett.

Aufgrund ihrer Härte sind Topase auch problemlos für Ringe oder Armreifen geeignet. Gute Exemplare weisen eine tolle Brillanz auf. Der Nachteil dieses Edelsteines ist jedoch für Liebhaber des "Natürlichen", dass der Topas praktisch immer bestrahlt wird. Die Steine werden dabei einer Behandlung mit Gamma-/

Neutronen- / Elektronen-Strahlen unterzogen, um ihre Farbe zu verändern bzw. zu verbessern.

Topase sind in großer Farbenvielfalt erhältlich

Oben: Am beliebtesten sind türkisblaue Töne, die leicht mit Aquamarinen oder Paraiba Turmalinen verwechselt werden können
Vladimir Sazonov / Shutterstock

Unten: Weitere wunderschöne Topasfarben
Luibov Luganskaia / Shutterstock

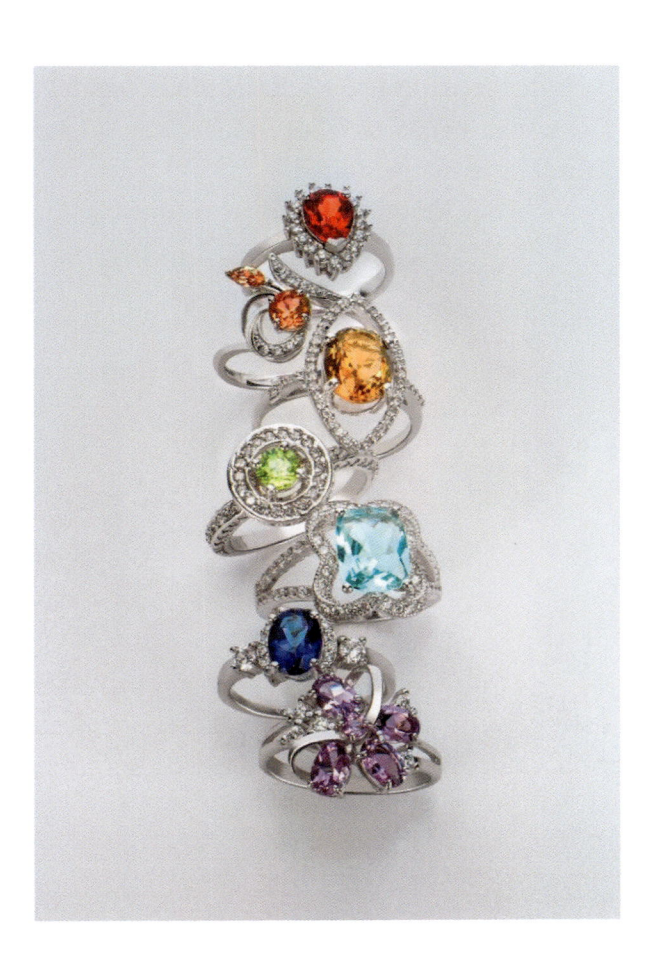

Keine Angst, das klingt gefährlicher als es ist: Topase, die du in einem Fachgeschäft erwirbst, weisen keine Strahlung mehr auf. Du kannst sie bedenkenlos tragen. Bei Steinen jedoch, die direkt in ihren Herkunftsländern ohne Kontrolle vermarktet werden, kann Vorsicht geboten sein.

Wenn du lila oder violett liebst, so können wir dir den **Amethyst** (ein Quarzmineral) ans Herz legen. Auch diesen Stein umgibt eine Aura des Mystischen. Ebenso wie der Aquamarin ist er –

Oben:
Amethyst Geode aus Uruguay
Sebastian Janicki / Shutterstock

Unten:
Geschliffenes Amethyst Pärchen
Bernhard Weninger

selbst in beeindruckenden Größen – zu halbwegs erschwinglichen Preisen erhältlich.

Der Amethyst wird bereits seit Jahrhunderten als Edelstein verwendet. Schon die alten

Griechen und Römer haben ihn als Amulett gegen Trunkenheit getragen. Der Name *Amethystos* bedeutet "dem Rausche entgegenwirkend". Auch im religiösen Bereich maß man dem Stein göttliche Kraft zu. Der Amethyst wurde und wird von geistlichen Würdenträgern gerne getragen (z.B. Bischofsring) oder für Verzierungen von Kruzifixen, Kelchen etc. verwendet.

Ring mit Amethysten
Alina Cardiae Photography / Shutterstock

Ohrringe mit hellen Amethysten
Rustamir / Shutterstock

Du solltest darauf achten, deinen Amethyst nicht dauerhaft großer Hitze oder grellem Sonnenlicht auszusetzen, dann wirst du ein Leben lang Freude an seiner wunderschönen Farbe haben.

Ein bekannter Fundort für Amethyste (und andere Quarzvarietäten wie Achate, Jaspis etc.) in Deutschland ist der *Steinkaulenberg* in *Idar-Oberstein*, dem historischen Schleifzentrum für Edelsteine in Europa. Dort kannst du dir noch heute in einem Schaubergwerk ein Bild vom historischen Abbau der Quarze (bis ins 19. Jahrhundert hinein) machen.

Wenn du einmal im österreichischen Weinviertel (nordwestlich von Wien) vorbeikommst, so empfehlen wir dir einen Besuch in der *Amethystwelt Maissau*. Auch hier kannst du einen seltenen Einblick gewinnen, wie Edelsteine in der Natur vorkommen. In Maissau findet sich die größte freigelegte Amethystader der Welt, die in gesamter Länge zumindest 400 – 1000 m lang sein dürfte (Gang- oder Bänderamethyst). Darüber hinaus erfährst du in einer Ausstellung alles über den Amethyst, und/oder kannst deine Kinder in der Erde nach Rohsteinen buddeln lassen. Ein kommerzieller Abbau der Edelsteine findet hier nicht statt.

Viele der Amethyste, die heute zum Kauf angeboten werden, kommen aus Brasilien oder Afrika.

Bänderamethyst
Peter Haselroida / Shutterstock

Eng mit den Amethysten verwandt sind die Achate (Familie der Quarze). Sie werden gern zu bunten Schalen, Briefbeschwerern oder Deko-Objekten verarbeitet. Dem Farbenspiel wird dabei oft künstlich nachgeholfen.
Albert Russ / Shutterstock

Liebst du grasgrün? Olivgrün? Dann ist der **Peridot** dein Edelstein. Schon in der Antike beliebt, ist er heute in zahlreichen Farbabstufungen von gelbgrün bis hin zu (eher seltenem) tiefgrün erhältlich. Die begehrteste Farbe ist das satte Grasgrün ohne Gelbtöne.

Als einer der wenigen Farbedelsteine wird der Peridot üblicherweise keinerlei Behandlungen ausgesetzt, um seine Farbe zu verbessern. Und die Farbe ist auch sein größter Pluspunkt. Was die Brillanz angeht, so gibt es wesentlich feurigere Edelsteine als den Peridot.

Peridots kann man meist recht günstig kaufen. Unserer Meinung nach ist der Stein (noch) unterbewertet.

Übrigens werden auch die vorhin beschriebenen Amethyste manchmal durch Behandlungen (Erhitzen, Bestrahlen) in grüne Steine verwandelt – die sogenannten **Prasiolithen**. Diese sind leider oft nicht farbstabil. Sie können über die Jahre ihre schöne Farbe verlieren.

Meist verfärben sich die erhitzten Amethyste jedoch gelb und werden dann **Citrine** genannt.

Oben:
Peridot im Kissenschliff aus Burma
Bernhard Weninger

Unten:
Dieser Peridot im Tropfenschliff aus Pakistan bringt stolze 120 Karat auf die Waage
Vikar Ahmed

Der Star aus Titanic

Der *Tansanit* ist zwar kein Filmstar, sondern ein traumhafter blauer bis violetter Edelstein – er hat seine Karriere aber jedenfalls einem Kinofilm zu verdanken.

Der Tansanit wurde nämlich durch den Hollywood Blockbuster TITANIC berühmt. Wer erinnert sich nicht an jene legendäre Szene, in der Jack (alias Leonardo di Caprio), seine angebetete Rose (alias Kate Winslet) malt. Sie ist dabei lediglich mit einem blauen Diamanten bekleidet, der den klingenden Namen "Heart of the Ocean" trägt. Die "Rolle" dieses Diamanten wurde von einem tiefblauen Tansanit übernommen – und natürlich wollten Frauen in aller Welt nach dem Film auch so ein Kleinod tragen (was immerhin einfacher ist, als von Leo di Caprio nackt gemalt zu werden). Das Ergebnis? Der Tansanit legte eine beispiellose Karriere hin und ist heute einer der beliebtesten Farbedelsteine.

"Heart of the Ocean"
Herzförmiger Tansanitanhänger
Vikar Ahmed

Der Tansanit stammt aus Afrika. Er kommt weltweit nur in einer Region im Norden von Tansania (wie der Name schon sagt) vor. Dort sind zwar große Lagerstätten gefunden worden, aber heute erreichen die Funde nicht mehr die Qualität der legendären Steine, wie sie von Tiffany seit 1967 weltweit bekannt gemacht wurden.

Tansanit im Trillionschliff
Bernhard Weninger

Tansanite werden in den allermeisten Fällen erhitzt, um störende Grüntöne zu entfernen.

Ringe mit Tansaniten

Links: *Andrea Leiber / Shutterstock*
Rechts: *STUDIO492 / Shutterstock*

Zwischen € 1.000 und € 3.000 pro Karat musst du für ein schönes Exemplar veranschlagen.

Der vielseitige Verwandlungskünstler

Einer unser persönlichen Lieblingssteine ist der *Turmalin*, ein unglaublich vielfältiger Edelstein, der in nahezu jeder Farbe zu haben ist, von pastelligen bis hin zu höchst intensiven Tönen. Ja sogar mehrfärbige Exemplare sind erhältlich. Manche Turmaline haben in verschiedenen Betrachtungsrichtungen unterschiedliche Farben (sogenannter Pleochroismus), es gibt "Katzenaugen" und andere Erscheinungen (siehe Abschnitt *Special Effects*). Turmaline sind mit einer Härte von 7-7 ½ sehr hart (wenn auch nicht so hart wie Korunde oder Diamanten), daher sind sie für Schmuck gut geeignet.

Der rote Turmalin (genannt *Rubellit*) kann es ohne Probleme mit dem Rubin aufnehmen (in der Vergangenheit waren die beiden nicht einmal auseinander zu halten – man nannte früher alle roten Edelsteine, wie auch Granate und Spinelle "Karfunkelsteine").

Grün ist die klassische Farbe für Turmaline im Schmuckhandel (*Verdelith*), aber auch der tiefblaue *Indigolith* ist eine bekannte Varietät. Auf den sehr begehrten *Paraiba Turmalin* gehen wir im folgenden Abschnitt gesondert ein.

Oben: Turmalinring –
LTY / Shutterstock

Mitte: lose Turmaline
Yut chanthaburi / Shutterstock

Links: Rubellite – als Cabochon
und im Tropenschliff
NPDstock / Shutterstock

Vielleicht die schönste Farbe der Welt?

Ein Edelstein macht den großen Drei seit einiger Zeit Konkurrenz – was seine Schönheit anbelangt, aber auch preislich. Er gehört zwar auch zur Familie der Turmaline, ist aber der unangefochtene Royal in diesem Kreis. Die Rede ist vom ***Paraiba Turmalin***, der ursprünglich in Brasilien entdeckt wurde (Estado de Paraiba ist ein Bundesstaat in Brasilien). Er ist von grüner,

Paraibas in unterschiedlichen
Farbnuancen und Schliffformen
Bernhard Weninger

blauer oder im Idealfall von leuchtend türkiser Farbe, die so außergewöhnlich ist, dass sie unweigerlich die Blicke auf sich zieht.

Der Preis dieser Steine ist in den letzten Jahren geradezu explodiert. Kleinere (qualitativ gute) Exemplare kannst du für € 3.000,- bis € 6.000,- pro Karat erstehen, für größere Paraibas in der begehrten türkisen Farbe und ohne nennenswerte Einschlüsse musst du bis zu € 30.000,- pro Karat veranschlagen.

Die Minen in Brasilien sind aus heutiger Sicht praktisch erschöpft, obwohl es neue Fundorte

Turmaline gibt es in nahezu allen
Farben und Formen

Von oben nach unten:

Kanariengelber Turmalin aus Malawi
grüner Turmalin aus Namibia
Vikar Ahmed

Mintgrüner Turmalin
Bernhard Weninger

mit sehr kleinen Steinen gibt, die vielleicht einmal wieder kommerziell interessant werden.

Oben:
Paraiba im Trillionschliff
Bernhard Weninger

Unten:
Schmuckset mit Paraibas und Diamanten
Vikar Ahmed

Heute kommen die meisten dieser intensiv grünen kupferhaltigen Turmaline aus anderen Fundstellen (Mozambique, Nigeria). Als Handelsbezeichnung hat sich mittlerweile auch für diese Edelsteine die Bezeichnung Paraiba Turmalin durchgesetzt.

Noch ein Alleskönner

Die Familie der **Spinelle** hat mit den Turmalinen (und den Korunden) die unglaubliche Farbenvielfalt gemeinsam. Der Star ist hier der rote Vertreter, der dem Rubin ernsthafte Konkurrenz macht, aber auch die orangen, lilafarbenen, pinken und sogar schwarzen Spinelle sind außergewöhnlich schöne Edelsteine.

Spinelle sind sehr robust (Härte 8) und werden üblicherweise nicht behandelt. Der Spinell wurde erst vor ca. 150 Jahren als eigenständiges Mineral erkannt, früher wurden rote Spinelle als Rubine verkauft. In einigen alten Juwelen wie der Wittelsbacher Krone oder in der britischen "Imperial State Crown" sind Spinelle zu sehen, die ehemals als Rubine gegolten haben.

Spinelle zählen sicher zu den Farbedelsteinen, die preislich noch deutlich weiter steigen können.

Oben: Lachsfarbener Spinell
im Kissenschliff
Kanthapohn Kate / Shutterstock

Unten: Ohrringe mit
schwarzen Spinellen
Art of Life / Shutterstock

Ist der Ruf einmal ruiniert ...

Das Schicksal des natürlichen **Zirkons** ist ein besonders tragisches. Diesem wunderschönen Juwel wurde übel mitgespielt, und das durch eine sehr unglückliche Namensgebung. Dir ist sicherlich der künstliche *Zirkonia* ein Begriff, der mit dem Zirkon gar nichts gemein hat – außer dem leider sehr ähnlichen Namen.

Anhänger mit blauem Zirkon – gebettet in eine Schale mit Diamanten und Demantoiden
Dr. Wolf Bialonczyk, Foto: Alex Wagner

Von oben nach unten:
Ungeschliffene Spinelle
TheLittleBee / Shutterstock

Spinell im Tropfenschliff
Kanthapohn Kate / Shutterstock

Ring mit russischem Spinell und Diamanten
Karen Culp / Shutterstock

Der Zirkonia ist ein künstlich hergestellter Billig-Stein, der nur wenige Euro kostet. Der Zirkon hingegen ist ein in nahezu allen Farben des Regenbogens erhältlicher Alleskönner, ähnlich wie der Turmalin oder der Spinell. Schon in der Antike wurde er unter dem Namen *Hyazinth* regelrecht verehrt. Er hielt böse Geister und schlechte Träume fern und unterstützte Frauen bei der Geburt ihrer Kinder.

Wenn du einen Ring mit einem echten Zirkon besitzt und diesen deinen (nicht so kundigen) Freundinnen präsentierst, werden diese vielleicht sagen: "Na ja, ist halt netter Modeschmuck" – nur aufgrund der namentlichen Ähnlichkeit mit dem künstlichen Stein. Vermutlich sind Zirkone deshalb preislich unterbewertet, auch wenn gute Exemplare trotzdem recht teuer werden können.

Von oben nach unten:

Zirkon in leuchtendem Orange
Vera Polyachenko / Shutterstock

Blaue Zirkone in unterschiedlichen Stadien der Bearbeitung
Mike_Asia / Shutterstock

Armband mit roten Granaten
Olena Ukhova / Shutterstock

Von Trachtenschmuck bis Glamour

Die Familie der **Granate** ist dir vielleicht ein Begriff, wenn du gern traditionellen Trachtenschmuck trägst. In der Regel sind uns im deutschsprachigen Raum wohl die böhmischen Granate und die Granate aus dem Zillertal bekannt – meist dunkelrote Edelsteine, die schon in der Antike als Schmucksteine Verwendung fanden.

Der Granat ist jedoch ein unglaublich vielseitiger Edelstein. Je nach chemischer Zusammensetzung kommen neben den bekannten roten Steinen auch andere Farben vor, z.B. grün, gelb, orange – nur nicht blau.

Unter den Granaten finden sich einige kaum bekannte Superstars unter den Edelsteinen. Allen ist gemeinsam, dass sie von mittlerer Härte sind, im Allgemeinen nicht behandelt werden, und eine hohe Brillanz erreichen können.

Roter Granat von herrlicher Farbintensität
TAU video / Shutterstock

Als hätte man einen wunderschönen orangefarbenen Sonnenuntergang in einen Edelstein gegossen – so lässt sich der **Mandarin Granat** beschreiben. Das ultimative Gute-Laune-Juwel, das an unbeschwerte Urlaubstage denken lässt.

Leider gibt es kaum noch Vorkommen, die

gute Qualitäten liefern, der Edelstein ist mittlerweile sehr selten geworden. Wenn du den Kauf eines schönen "Fanta"-orangen Mehrkaräters (6-7 ct und mehr) überlegst, kannst du dir genauso gut eine Luxuskreuzfahrt ums gleiche Geld leisten.

Obwohl es weltweit Vorkommen von *Spessartinen* gibt (die mineralogische Bezeichnung dieser Granatvarietät), wurde der Edelstein in dieser intensiv orangen Farbe nur in wenigen Regionen Afrikas (in Namibia, Nigeria, Kenia, Mozambique ...) entdeckt. Die Fundorte in Tansania und Namibia sind praktisch erschöpft, und auch die Vorkommen in Nigeria werden nach Angaben des Handels immer weniger.

Smaragde in den Schatten, und die Qualität ist meist erheblich besser – weniger Einschlüsse, weniger Risse, kaum Behandlungen. Dadurch ist

Roter Granat und Mandarin Granat
im Cabochon Schliff
Bernhard Weninger

der Tsavorit auch viel problemloser in der Handhabung. Er ist unempfindlicher gegen scharfe Reinigungsmittel, hohe Temperaturen, Abnutzungen oder Beschädigungen beim Tragen. Ein Edelsteinkenner kann einen Tsavorit von einem Smaragd natürlich unterscheiden. Unserer Meinung nach kann das Grün des Tsavorits aber

Roher Mandarin Granat aus China
vvoe / Shutterstock

Unter den grünen Granaten finden sich zwei weitere Traumsteine: der *Tsavorit* und der *Demantoid*.

Der **Tsavorit** ist unserer Meinung nach ein absoluter Konkurrent für den teuren Smaragd. Seine leuchtend dunkelgrüne Farbe stellt viele

Geschliffene Mandarin Granate
in unterschiedlichen Größen
Bernhard Weninger

sogar noch aufregender und leuchtender wirken.

Benannt ist der Edelstein nach dem berühmten *Tsavo National Park* im Grenzgebiet zwischen Tansania und Kenia, wo er Ende der 1960er Jahre erstmals gefunden wurde. Diese Fundstellen gelten auch als einzige kommerziell genutzte Vorkommen des Tsavorits.

Noch spektakulärer funkelt der **Demantoid**. Zu verwechseln sind diese beiden Granate (Demantoid und Tsavorit) wegen ihrer ähnlichen Farbe und optischen Eigenschaften. Der Demantoid hat aber eine erheblich größere Dispersion ("Feuer"). Er kann es diesbezüglich sogar mit einem Diamant aufnehmen (Demantoid = diamantgleich).

Demantoide wurden erst relativ spät, um 1868, im Uralgebiet entdeckt und waren wegen ihres hohen Glanzes in Russland schnell begehrt, nachdem der berühmte Juwelenhersteller Peter Carl Fabergé wertvolle Schmuckstücke mit Demantoiden anfertigte.

Eine Besonderheit gibt es bei diesem Edelstein, was seine Einschlüsse betrifft: Besonders hochpreisig russische Demantoide können eine sogenannte *horse tail inclusion* (Pferdeschwanz-Einschluss) aufweisen. Hierbei erstrecken sich Asbestfasern federförmig von einem winzigen Kristall weg. In diesem Fall sind Edelsteine mit Einschluss wertvoller als Steine ohne dieses Erkennungsmerkmal!

Demantoide findet man heute aber auch in Namibia, Madagaskar und anderen Ländern.

Preislich sind die beiden grünen Granat-Superstars im oberen Segment angesiedelt. Besonders der russische Demantoid erreicht oft schwindelerregende Preise, und der Karatpreis für Tsavorite ist in den letzten Jahren auch stark angestiegen.

Zwei Vettern aus der mit zahlreichen Superstars gesegneten Granat-Familie

Oben:
Das satte Grün eines gut geschliffenen Tsavorits steht Smaragden in nichts nach
Bernhard Weninger

Unten:
Roher Demantoid aus Aserbaidschan
Albert Russ / Shutterstock

Oben:
Der Demantoid trägt seinen Namen (=diamantgleich) nicht umsonst: Das Feuer dieser Steine blendet geradezu.
Ring mit Demantoiden und Tahitiperle
Dr. Wolf Bialonczyk

Unten:
Granate sind auch in wundervollen Lila-Tönen erhältlich
Van Rossen / Shutterstock

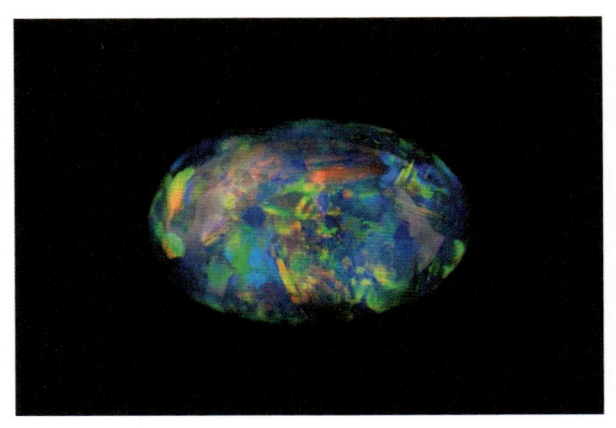

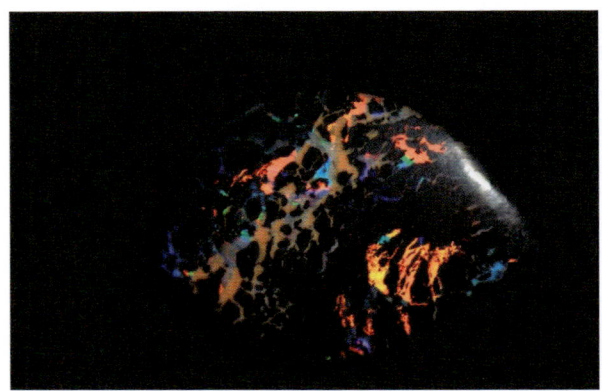

Opale sind in einer schier unendlichen Vielfalt von Farben und Musterungen erhältlich. Hier ein paar besonders schöne Vertreter der Spezies:

Oben: *Alf Manciagli*
Unten & rechte Seite oben: *Leela Mei*
Rechte Seite unten: *optimarc*
alle / Shutterstock

Undurchsichtig & geheimnisvoll

Der **Opal (Edelopal)** ist eine Klasse für sich. Er unterscheidet sich von den gemeinen Opalen durch sein lebhaftes Farbenspiel. Der Stein ist zwar in den meisten Fällen nicht transparent wie andere begehrte Edelsteine, bietet dafür aber Farbstellungen und natürliche Musterungen wie sonst kein anderes Juwel. Mitunter findet man in einem einzigen Opal die gesamte Farbenpalette des Regenbogens.

Was die Preisbildung anbelangt, so sind Opale das genaue Gegenteil von Diamanten. Da jeder Opal einzigartig gezeichnet, gefärbt und geformt ist, und es zahlreiche Einflussfaktoren auf den Preis gibt, kann ein Laie kaum abschätzen, was ein bestimmter Vertreter der Spezies wert ist. Auch die Bandbreite der Preise ist riesig. Schon ab ca. € 200,- pro Karat kannst du schmucktaugliche Opale erstehen – die teuersten Exemplare können aber sogar Diamanten im Preis übertreffen.

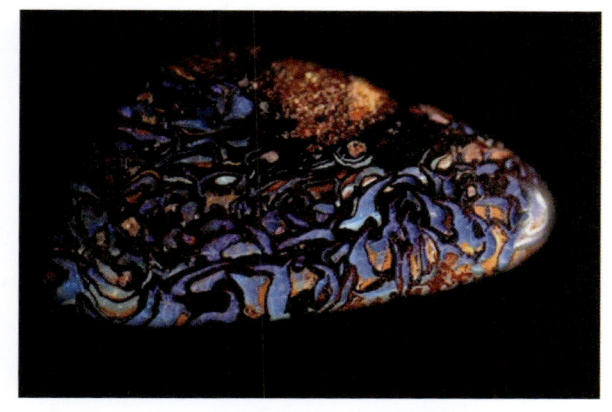

Am begehrtesten (und im Allgemeinen am teuersten) ist der sogenannte *schwarze Opal*. Schwarz (oder jedenfalls dunkel) ist sein Körper, also der Hintergrund, auf dem sich das Farbenspiel entfaltet. Der *graue Opal* (grauer Hintergrund) ist günstiger, der *weiße Opal* (weißer Hintergrund) liegt preislich noch etwas darunter.

Relevant ist auch, wie durchscheinend der Opal ist (je transparenter, desto teurer), wie kräftig seine Farben sind (je intensiver, desto wertvoller) und welche Töne in seinem Farbenspiel dominieren. Rot, Orange und Gelbtöne sind hier am begehrtesten.

Der halbtransparente bis transparente mexikanische *Feueropal* ist ebenso beliebt. Er zählt auch zu den Edelopalen, obwohl er kein opalisierendes Farbenspiel aufweist. Leuchtendes Gelb bis Rot kennzeichnen diese Opalart, die auch im Facettenschliff verarbeitet wird.

Ansonsten werden Opale meist nicht mit Facetten geschliffen, man erhält sie entweder flach oder als gewölbte *Cabochons* (abgerundet mit flacher Unterseite). Sie sind von relativ niedriger Härte und somit nicht für exponierte Schmuckstücke (Ringe, Armreifen etc.) zu empfehlen.

Oft werden Opale als *Dubletten* oder *Tripletten* angeboten, wobei eine sehr dünne Schicht Opal auf eine Trägersubstanz (z.B. Glas oder Kunststoff) aufgebracht wird. Diese Steine sind zu günstigen Preisen zu haben, eignen sich aber nicht als Wertanlage.

Im Gegensatz zu anderen Edelsteinen werden hier Dubletten aber im Handel akzeptiert, da speziell schwarze Opale selten und in sehr dünnen Schichten gefunden werden. Ohne "Aufdopplung" würden diese leicht brechen.

Ring mit Feueropal,
umrahmt von Diamanten.
Opale lassen sich generell sehr effektvoll
mit anderen (voll transparenten
Edelsteinen) kombinieren
Liem Men Sang / Shutterstock

Von exotischer Schönheit ist auch der *Boulder Opal*. Er ist noch mit dem Muttergestein verbunden, in dem er gefunden wurde, wobei sich ein schöner Kontrast zwischen den Brauntönen des Steins (umliegender eisenreicher Tonstein) und den Regenbogenfarben des Opals ergibt.

Herrliche Schmuckstücke lassen sich auch aus den seltenen *Andenopalen* kreieren. Diese Steine sind meist türkis bis blau, aber auch in rosa Farben erhältlich. Sie kommen vor allem aus Peru und Brasilien.

Die berühmtesten Fundorte des Edelopals liegen in Australien. Als "Hauptstadt der Opale" gilt Coober Pedy, was in der Sprache der Aborigines soviel bedeutet wie "weißer Mann im Loch". Die Entstehung des Namens kann man sich wohl bildlich ausmalen, zumal bis heute tausende Edelsteinsucher in kleinen bis kleinsten Minen ihr Glück versuchen.

Auch in Äthiopien findet man heutzutage herrliche Opale. Weitere Fundstätten liegen in Nord- und Südamerika (besonders Brasilien).

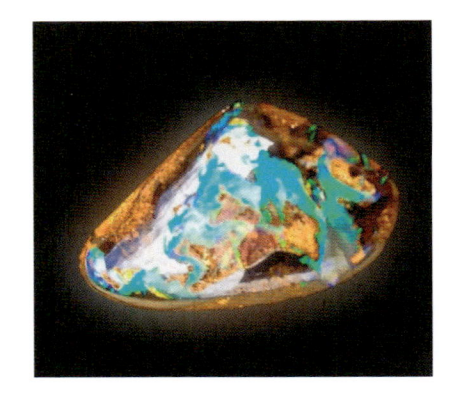

Boulderopal

Oben: *Bernhard Weninger*
Unten: *Dmitry Chulov / Shutterstock*

Coober Pedy, Australien –
"Hauptstadt der Opale"

Oben: Funde
aus der Region
Bernhard Weninger

Rechts: Opalmine
Fat Jackey / Shutterstock

Auch in Europa gibt und gab es Funde von Edelopalen, die jedoch keine wirtschaftliche Bedeutung haben (z.B. Slowakei, Frankreich, Österreich, Tschechien).

Wie so viele andere Edelsteine auch werden Opale heutzutage oft behandelt. Man färbt oder imprägniert sie, da sie von Natur aus porös sind. Und es gibt mittlerweile auch schon synthetische Opale am Markt.

Opale bieten dir endlose Möglichkeiten, ganz individuellen Schmuck zu kreieren.

Oben:
Milchig schimmernder Andenopal
PHOTOARTDESIGN
Mitte links:
Egal wie bunt dein Opal ist –
Diamanten als Beiwerk gehen immer.
Sie lassen deinen Stein eleganter wirken.
lynnette
beide / Shutterstock

Unten links:
Opale lassen sich mit Hilfe von
Zargenfassungen hübsch einrahmen
Markus Urban

Special Effects

Wenn dein Schmuckstück verblüffte Blicke auf sich ziehen soll, so möchtest du dir vielleicht die Chamäleons unter den Edelsteinen näher ansehen. Drei "Special Effects" aus dem Reich der Juwelen möchten wir dir hier vorstellen, und zwar *mehrfarbige* Edelsteine, den sogenannten *Pleochroismus* und *farbwechselnde* Steine.

Mehrfarbig ist schnell erklärt: Dabei handelt es sich um Edel- oder Schmucksteine, die mehrere Farben in einem Stein vereinen. Somit ist natürlich der Edelopal mehrfarbig, aber auch unter den ansonsten einfärbigen Steinen gibt es gelegentlich zwei- oder gar mehrfarbige Vertreter.

Der sogenannte *Wassermelonen-Turmalin* ist beispielsweise rot und grün. Diese Steine haben im Laufe ihres Wachstums andere chemische Stoffe eingelagert und dadurch ihre Farbe geändert. Somit sind die äußeren (jüngeren) Schichten anders gefärbt als die innen liegenden (älteren) Kerne.

Besonders schöne Wassermelonen-Turmaline werden dann quer zur Wachstumsrichtung geschnitten, dadurch zeigen sie eine grüne "Schale" über einem rotem Kern.

Wassermelonen-Turmaline

Links: Geschliffener Stein
Bildagentur Zoonar GmbH / Shutterstock

Rechts: Rohsteine
Bernhard Weninger

Mehrfarbig sind auch die schon weiter oben besprochenen *Achate*. Sie wachsen oft in sogenannten "Geoden" (Gesteinshohlräume) und bilden nach dem Zerschneiden farbenprächtige Gesteinsschliffe. Viele dieser Achate kommen heute aus Brasilien. Oft handelt es sich dabei um künstlich eingefärbte Exemplare, was mitunter leider ziemlich unnatürlich aussehen kann.

Ganz besonders schön sind auch die gelb-lilafarbenen *Ametrine* (eine Mischung aus Amethyst und Citrin.) Diese werden oft künstlich erhitzt und dadurch halbseitig gefärbt.

Im Unterschied zur Mehrfarbigkeit eines Steines handelt es sich beim **Pleochroismus** um einen ganz speziellen Farbeffekt. Je nach *Betrachtungsrichtung* des Edelsteins sieht seine Farbe ein wenig anders aus. Bis zu drei verschiedene Farben kannst du dabei entdecken.

"Hybrid" zwischen Amethyst und Citrin: der Ametrin
Somjit Chomram / Shutterstock

Ein Tansanit beispielsweise kann je nach Betrachtungswinkel grün, blau oder violett aussehen. Auch Turmaline und andere Edelsteine weisen diesen Pleochroismus auf. Oft kann der Farbunterschied jedoch nur mit polarisiertem Licht unter Polfiltern erkannt werden.

Farbwechselnde Edelsteine sind zwar prinzipiell einfärbig, wechseln aber ihre Farbe (wie der Name schon nahelegt) bei unterschiedlichen Lichtverhältnissen.

Bei (kaltem) Tageslicht sieht beispielsweise der *Alexandrit* grünlich aus, im warmen Kunstlicht eines Ballabends oder Dinners hingegen rötlich. Auch Saphire und andere Edelsteine können diese Eigenschaft haben, sie sind jedoch sehr selten zu finden und dementsprechend teuer im Handel.

Oben:
Alexandrite bei Tageslicht
und bei Kunstlicht
Dr. Wolf Bialonczyk / Bernhard Weninger

Mitte und unten:
Champions der Mehrfarbigkeit

Mitte: Edelopale
Dmitry Abezgauz / Shutterstock

Unten: Turmaline
DiamondGalaxy / Shutterstock

KAPITEL 4
Träne der Götter:
DIE PERLE

Während Edelsteine erst kunstvoll geschliffen werden müssen, um Brillanz und Feuer zu entfalten, kommen Perlen schon als nahezu perfekte Kleinode zur Welt. Früher fand man – unter enormen Mühen, mit sehr viel nötigem Glück und der Zerstörung von vielen Lebewesen – lediglich natürlich entstandene Exemplare. Nur rund eine von zehntausend Muscheln enthielt eine Perle.

Heute sind fast nur noch Zuchtperlen im Handel erhältlich, wenn man von Naturperlen aus alten Beständen absieht. Dafür gibt es mittlerweile eine Farbenvielfalt, die es mit den vielseitigsten Edelsteinen aufnehmen kann und die dich vielleicht überraschen wird.

Wenn wir hier von "Perlen" sprechen, meinen wir daher immer Zuchtperlen, auch wenn wir das nicht dezidiert dazuschreiben.

Selbst wenn Perlen für dich Neuland sind, so ist dir vermutlich die klassische Perlenkette ein Begriff. Vielleicht hast du sogar eine von deiner Mutter oder Großmutter geerbt? Diese

Oben:
Tahitiperlen in schillernder Farbenvielfalt
NickKnight

Unten:
Schwimmendes Dorf mit Perlenfarm in Ha Long Bay, Vietnam
Danny Iacob

beide / Shutterstock

klassische Kette ist weiß oder cremefarben, gelegentlich sind die Perlen vorne etwas größer als hinten am Hals, aber das war es dann auch schon.

Die gute Nachricht ist: Heutzutage gibt es Dutzende andere Arten, wie du Perlen tragen kannst – als einzelnes Juwel wie einen kostbaren Farbstein, in einer farbverlaufenden oder bunt durchgemischten Reihung, in Kombination mit Diamanten oder Farbsteinen ... die Möglichkeiten sind endlos.

Was die Preise anbelangt, so kannst du (echten) Perlenschmuck schon sehr günstig erstehen. Einzelne Perlen in Top-Qualität sind schon ab € 50,- erhältlich. In ganzen Strängen sind sie auch günstiger zu haben. Nach oben hin gibt es allerdings, ähnlich wie bei den Edelsteinen, kaum Grenzen.

PERLENZUCHT
Von oben nach unten:

Ha Long Bay, Vietnam
Gunter Nuyts

Austern unter einem Kai
Alyui Bay, Raja Ampat, Indonesien
Ethan Daniels

Shima, Japan
Maksymenko Nataliia

Eine Arbeiterin pflanzt Muscheln
Kerne und Mantelgewebe ein,
damit Zuchtperlen entstehen können.
Die Schalen der Austern werden
dabei behutsam ein Stückchen weit
aufgeklemmt und die Implantate
werden in die Keimdrüsen der
Muscheltiere eingesetzt.
Ha Long Bay, Vietnam
Suthee Lersumitkul

alle / Shutterstock

Im nächsten Kapitel werden wir dir einige Inspirationen liefern, was du mit Perlen alles anstellen kannst. Hier wollen wir dir zunächst einmal eine Übersicht geben, welche Perlen es überhaupt gibt, und wie sich die Preise bestimmen.

Perlen werden zunächst nach ihrer Herkunft unterschieden, und zwar in Süßwasser- und Salzwasserperlen.

ZUCHTPERLEN ERNTE

Oben: Süßwassermuscheln können Dutzende Perlen auf einmal hervorbringen
Jiujiang, China
humphery

Unten: Perlenernte in Shikoku, Japan
Keith Michael Taylor

beide / Shutterstock

Süßwasserperlen

Süßwasserperlen werden in Flüssen, Seen oder Teichen gezüchtet. Damit eine Perle entsteht, implantiert man der Muschel kleine Stückchen Mantelgewebe (= Teile aus der Haut eines anderen Muscheltieres, der sogenannten Spendermuschel) – plus evtl. einen Kern aus Perlmutt.

In eine Süßwassermuschel können mehrere solcher Implantate gleichzeitig eingebracht werden, sodass nach einer Reifungszeit von zwei bis drei Jahren 20 - 30 Perlen auf einmal geerntet werden können. Salzwassermuscheln produzieren jeweils nur eine einzige Perle pro Reifungsperiode. Aus diesem Grund sind Salzwasserperlen deutlich teurer als ihre Vettern aus den Binnengewässern.

Süßwasserperlen stammen größtenteils aus China oder Japan, und es gibt sie in den Farben Weiß, Rosa, Lavendel, Champagner, Gelb, Grau und Braun. Die meisten Exemplare erreichen einen Durchmesser von 3 bis 18 mm und sind in den verschiedensten Formen erhältlich.

Süßwasserperlen werden mit künstlichem Kern oder ohne Kern gezüchtet, wobei Kerne nicht unbedingt rund sein müssen. So gibt es z.B. münzförmige oder sogar kubische Formen, die dann in der Muschel mit Perlmutt überzogen werden.

Salzwasserperlen

Bei den Salzwasserperlen wirst du auf unterschiedliche Bezeichnungen stoßen, größtenteils abhängig von der geografischen Herkunft.

Akoyaperlen stammen aus den Gewässern um China und Japan. Sie sind in der Regel kleiner als andere Perlen (bis zu 10 mm Durchmesser) und in hellen Farbtönen erhältlich – klassisch in Weiß, es gibt aber auch graue, silberne, gelbe, rosafarbene und ähnliche Exemplare.

Akoyas haben einen besonders intensiven Lüster (=Glanz), der sehr begehrt ist und gute Perlen teuer werden lässt.

Südseeperlen sind die teuersten Zuchtperlen. Sie werden in den Gewässern um Indonesien, Polynesien und Australien produziert und sind in der Regel hell, von weiß bis gelblich, oder auch gold-/silberfarbig.

Aus Polynesien stammen die für ihre dunklen Farben berühmten *Tahitiperlen*. Oft spricht man dann von *schwarzen Perlen*, auch wenn diese häufig Farbnuancen von anthrazit, grau, blaugrün, violett, braun etc. haben.

Im Gegensatz zu Süßwasserperlen, die oft gebleicht oder anderweitig behandelt werden, kommen Salzwasserperlen meist naturbelassen in den Handel. Auch das ist ein Faktor, der zu ihrem deutlich höheren Preis beiträgt.

Die 5S

In Kapitel 2 haben wir die 4C kennengelernt, die den Preis eines Diamanten bestimmen. Bei den Perlen gibt es ebenfalls solche Einflussfaktoren, die man als die 5S bezeichnen kann. Sie lauten:

- ❖ Size (Größe)
- ❖ Shape (Form)
- ❖ Shade (Farbe)
- ❖ Shine (Lüster)
- ❖ Surface (Oberfläche)

Sehen wir sie uns der Reihe nach an.

Size ist ganz einfach: Je größer die Perle, desto höher ist ihr Wert. Man findet gelegentlich auch Karat (ct) Angaben für Perlen, üblicherweise jedoch wird ihre Größe als Durchmesser in Millimeter (mm) angegeben.

Wie schon erwähnt, bleiben Akoyaperlen im Durchmesser unter 10mm, während andere Zuchtperlen bis zu 20mm erreichen können. Das erklärt sich aus der Größe der Muscheln, in denen diese gezüchtet werden: Die Akoyamuscheln erreichen eine maximale Größe von ca. 8 cm, die Südseemuscheln (z.B. siver lipped oyster, gold lipped oyster) erreichen 30 cm und mehr.

Der Autor mit Austernschalen im Vergleich. Größere Muscheln bringen größere Perlen hervor.

Links im Bild eine Südseemuschel, rechts eine Akoya.

Muscheln der Deutschen Gemmologischen Gesellschaft, Foto: Alex Wagner

Shape bezeichnet die Form einer Perle. Perfekt runde Exemplare sind am begehrtesten und daher am teuersten. Perlen können aber z.B. auch Tropfenform haben, was wunderschöne Kettenanhänger oder Ohrringe ergibt.

Immer beliebter werden auch die sogenannten *barocken* Shapes – völlig individuelle Formen, mit denen sich sehr extravagante Schmuckstücke designen lassen.

Oben: Schmuckstücke mit barocken Perlen
Linkes Bild: *Markus Urban*
Rechtes Bild: *twins03 / Shutterstock*

Unten: Perlenstränge in unterschiedlichen Farben und Formen – von rund bis barock
Van Rossen / Shutterstock

Eine besondere Form der Perlen ist auch häufiger im Handel zu finden, die sogenannten *Mabe-Perlen*. Diese Varietäten haben eine abgeflachte Rückseite, sie sehen so ähnlich wie Cabochons bei den Farbsteinen aus. Sie sind eigentlich zusammengesetzte Perlen ("Tripletten") und entstehen in (älteren) Muscheln, die keine wirklich runden Perlen mehr produzieren, als sogenannte Zuchtschalenperlen. Daher sind sie im Wert auch erheblich unter runden Perlen anzusetzen.

Wenn Mabe-Perlen in Schmuck eingefasst werden, sind sie oft kaum als Tripletten erkennbar. Sie haben aber auch einen Vorteil: durch den abgeflachten Rückenteil können sehr niedrige Fassungen verwendet werden.

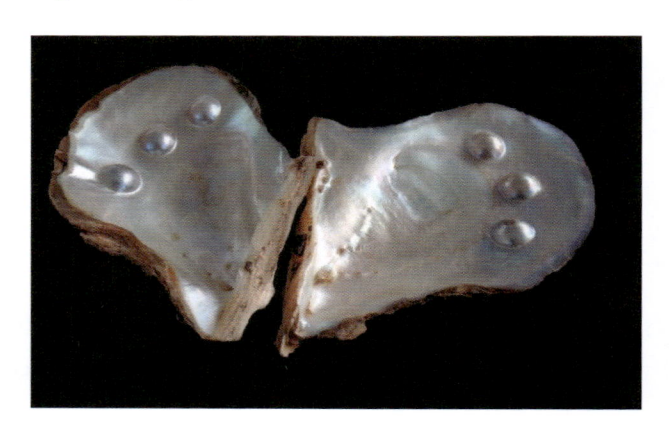

Mabe-Perlen

Oben: in der Muschelschale
John Carnemolla

Unten: zu Ohrringen verarbeitet, mit Diamanten und Rubinen
A Mac

beide / Shutterstock

Shade bezeichnet die Farbe einer Perle. Man könnte natürlich schlicht Colour sagen, aber dann würde das mit den 5S nicht so gut klappen.

Man spricht bei Perlen von der *Körperfarbe* und den *Überfarben* (oder Übertönen). Die Körperfarbe kann beispielsweise weiß sein, die Perle zeigt im Licht aber einen Schimmer, eine Reflexion, die rosa, grünlich, bläulich etc. ist. Letzteres wird als Überfarbe bezeichnet.

Wie schon erwähnt, sind Perlen heute in einer erstaunlichen Farbvielfalt erhältlich, und man kann kein durchgängiges Ranking aufstellen, welche Farben am beliebtesten (und damit am teuersten) sind. Reinweiße Perlen mit rosa Überfarbe sind sehr begehrt, ebenso wie die dunklen Farbtöne der Tahitiperlen. Ganz besonders schön ist hier die sogenannte Pfauenfarbe (peacock), die irisierend in blau, grün, violett etc. schimmert.

Sehr begehrt sind auch goldene Perlen, aber auch aus rosa- bzw. lavendelfarbenen Exemplaren lassen sich Schmuckstücke zaubern, die einer Elfenkönigin würdig wären.

Farbe (und Form) einer Perle hängen zu einem gewissen Grad von der Art des Implantats ab, das in die Muschel eingebracht wurde, um die Perle wachsen zu lassen. Ein weiterer Einflussfaktor ist die Muschelspezies. Nicht jede Muschel kann jeden Farbton oder jede Form hervorbringen. Wie genau die Perle aussieht, die der Züchter nach einigen Jahren ernten kann, ist oft der Laune der Natur unterworfen.

Shine beschreibt den Lüster oder Glanz einer Perle. Begehrt sind natürlich jene Perlen, die am Hals ihrer Trägerin aussehen, als würden sie von innen leuchten, die also exzellenten Shine besitzen. Am anderen Ende des Spektrums stehen Perlen, die matt und glanzlos bleiben.

"50 Shades of Pearls"

Die Farbenvielfalt von Zuchtperlen kennt heute kaum noch Grenzen

Links: Tahitiperlen – die pfauenfarbigen Exemplare (grün-blau-gold irisierend) sind besonders auffällig
EQRoy / Shutterstock

Unten: Perlen in zartem Rosaton
Sergey Le / Shutterstock

Zu guter Letzt ist noch *Surface*, also die Qualität der Oberfläche einer Perle ein wichtiger Einflussfaktor auf ihren Preis. Perfekt glatte Perlen sind selten, viel häufiger findet man Exemplare mit kleinen Grübchen, Rillen, Kratzern, glanzlosen Flecken und ähnlichen "Fehlern". Perlen sind trotz ihrer Zucht eben Naturprodukte und so individuell wie jeder Mensch.

Es gibt Graduierungssysteme zur Beurteilung der Oberflächenqualität, jedoch bislang kein einheitliches wie bei den Diamanten. Meist werden die Buchstaben A (beste Oberflächenqualität) bis D (schlechteste Qualität) verwendet. B und C werden bei manchen Perlenhändlern noch in B1 und B2 etc. untergliedert.

Gelegentlich findet man im Handel aber auch Graduierungen von AAA (beste Qualität) bis A (geringe Qualität).

Während Einschlüsse bzw. Oberflächenmerkmale bei Diamanten und anderen Edelsteinen mit freiem Auge teilweise schwer erkennbar sind, hast du es bei Perlen leichter. Die oben beschriebenen Grübchen, Rillen etc. kannst du auch ohne Lupe gut erkennen, so sie denn vorhanden sind.

Verdächtig sind übrigens Perlen, die günstig verkauft werden, aber dennoch eine vollendet runde Form und eine perfekte Oberfläche aufweisen. Hier solltest du darauf achten, ob die angebotenen Perlen überhaupt natürlichen Ursprunges sind (Details dazu weiter unten im Abschnitt *Echt oder falsch?*).

Es macht einen Unterschied, ob du eine einzelne Perle aussuchst, die du dann z.B. als Kettenanhänger in Szene setzen willst, oder ob du einen ganzen Strang Perlen für eine klassische Perlenkette kaufst. Perlen, die du gruppiert trägst, müssen keine so perfekte Oberfläche wie Einzelstücke aufweisen, denn sie sind bei weitem weniger kritischen Blicken ausgesetzt.

Zu den drei Themen Surface, Shine und Shape gehört natürlich auch die *Dicke* der Perlmuttschicht. Schon nach 1-2 Jahren werden Perlen heute aus den Muscheln geholt, das bedingt natürlich eine dünne Perlmuttschicht. Oft hört man von Händlern, dass dieses Kriterium nicht wesentlich für die Qualität einer Perle sei. Natürlich ist eine Perle wirtschaftlicher und billiger herzustellen, die nur 1-2 Jahre in der Zucht ist, als Exemplare, die 2-3 Jahre in der Muschel bleiben. Der Vorteil einer geringen Wachstumsdauer ist es, dass Perlen mit einem perfekt runden Nukleus (Kern) auch einen regelmäßig runden Überzug herstellen. Je länger die Perle wachsen kann, desto eher steigt die Wahrscheinlichkeit, dass der Überzug auch unregelmäßig wächst.

Die Dicke der Perlmuttschicht stellt jedoch auch ein Qualitätsmerkmal dar. Je dünner diese Schicht ist, desto leichter kann sie abplatzen und desto geringer ist der Lüster der betreffenden Perle. Bei ganz dünn beschichteten Perlen ist es sogar manchmal möglich, den Kern mit freiem Auge zu erkennen. Oft hat er einen

Links:
Diese Perlen haben (nahezu) runde Formen, hervorragende Farbgebung, guten Lüster und nur wenig Oberflächenmerkmale. Du kannst die kleinen Dellen und Unebenheiten allerdings mit freiem Auge erkennen – nicht wie bei den Edelsteinen, wo du oftmals erst zur Lupe greifen musst.
Weeclub / Shutterstock

streifigen schichtartigen Aufbau, den man durchschimmern sehen kann.

Perlen sind – verglichen mit den meisten Edelsteinen – ziemlich weich. (Ihre Mohs'sche Härte, auf die wir im Kapitel *Schmuck pflegen* noch näher eingehen werden, beträgt nur 2½ bis 4½.) Perlen reagieren als organische Substanzen außerdem empfindlich auf Parfums, Schweiß, Make-Up etc.

Wenn du Perlen in Schmuckstücke wie Ringe oder Armreifen fassen lassen möchtest, so ist beim Tragen erhöhte Vorsicht geboten, damit du sie nicht zerkratzt oder anderweitig beschädigst.

Perlenketten solltest du möglichst nicht auf nackter Haut tragen – insbesondere nicht in schwülen Nächten oder bei Bällen, wo du unter Umständen ins Schwitzen kommst. Zum Schlafen oder zum Sport sollte Perlenschmuck generell abgelegt werden. Weitere Pflegehinweise erhältst du im Kapitel *Schmuck pflegen*.

Die seltensten Perlen der Welt

Neben den eben besprochenen Zuchtperlen, die allesamt aus Muscheln stammen, produzieren auch *Meeresschnecken* gelegentlich Perlen. Man

Rosa Conch Perlen und orangefarbene Meloperlen – mit Diamanten und Demantoiden zu einzigartigen Schmuckstücken im Art Nouveau Stil verarbeitet. Die große, perfekt runde weiße Perle (99 Karat!) stammt vermutlich aus einer sogenannten Mördermuschel, die bis zu 1,5 m groß wird.
Dr. Wolf Bialonczyk, Foto: Alex Wagner

spricht bei diesen sehr seltenen Exemplaren von *Conch Perlen*, die in den Farben weiß bis rosa erhältlich sind. Die allerseltenste Vertreterin der Conch Perlen ist jedoch die orangefarbene *Meloperle*.

Diese Schnecken-Perlen können (noch) nicht gezüchtet werden, dementsprechend teuer sind sie zu haben. Sie sind meist oval oder barock geformt und werden oft zu extrem hohen Preisen pro Karat angeboten (wenn sie überhaupt auf den Markt kommen). Ein Exemplar in der Größe deines Daumennagels kann dich je nach Farbintensität, Form und Oberflächenmerkmalen gut € 10.000,- kosten.

Conch Perlen haben keinen schimmernden Lüster, ihr Glanz erinnert eher an zartes Porzellan. Die begehrtesten Exemplare schmücken sich darüber hinaus mit einer einzigartigen Flammenzeichnung, und sie können deutlich größer werden als gewöhnliche Muschelperlen. Exemplare bis zu 30 mm Durchmesser sieht man gelegentlich auf Messen oder Ausstellungen, im Handel sind sie – wenn überhaupt – nur zu astronomischen Preisen erhältlich.

Oben:
Conch Perlen werden von Schnecken, nicht von Muscheln, produziert. Eine Zucht ist (noch) nicht möglich, daher ist das weltweite jährliche Angebot verschwindend gering.
Matt Benoit / Shutterstock

Unten:
Meloschnecken werden als Delikatessen wertgeschätzt. Nur sehr selten beißt man bei diesem Genuss auf eine Meloperle und kann sich dann über ein kleines Vermögen freuen.
Lano Lan / Shutterstock

Perlen im Diamantlook?

In den letzten Jahren sind zwei aufregende neue Arten hinzugekommen, Perlen zu tragen: *facettierte* und *geschnitzte* Perlen.

Beim Facettieren werden Perlen ähnlich wie ein Diamant geschliffen. Das ergibt einen Effekt, den manche Menschen als futuristisch empfinden, während andere bei facettierten Perlen an Drachenschuppen oder etwas Ähnliches denken. Jedenfalls lässt sich mit facettierten Perlen sehr extravaganter Schmuck zaubern, der (zumindest im Vergleich zu Diamant- oder Farbsteinen) kein Vermögen kosten muss.

Für das Facettieren der Perlen muss die Perlmuttschicht relativ dick sein, daher können nur qualitativ hochwertige Exemplare verwendet werden. Das wiederum erhöht den Preis, und die Arbeit des Schleifers kommt auch noch dazu. So können z.B. schön facettierte Tahitiperlen um die € 500,- oder mehr pro Stück kosten.

Auch *geschnitzte* Perlen sieht man immer öfter. Der Handwerkskunst und Fantasie sind hierbei keine Grenzen gesetzt. Man findet atemberaubende Muster oder z.B. geschickt ausgehöhlte Perlen, in die dann sogar andere Edelstein eingebettet werden können, und Ähnliches mehr. Für geschnitzte Perlen werden oft barocke Perlen mit ungewöhnlichen Ausgangsformen verwendet.

Sowohl facettierte als auch geschnitzte Perlen eigenen sich sehr gut als Männerschmuck, da sie weniger stark glänzen als ihre naturbelassenen Geschwister.

Oben:
Geschnitzte Perlen
Deutsche Gemmologische Gesellschaft,
Foto: Alex Wagner

Links:
Collier mit facettierten Perlen – (noch) ein seltener Anblick
Karen Culp / Shutterstock

Echt oder falsch?

Auch für Perlen gibt es heutzutage täuschend echte Fälschungen/Imitationen. Es gilt, wie schon bei den Edelsteinen: Am besten kaufst du Perlen nur beim Händler deines Vertrauens und lässt im Zweifelsfall ein Gutachten erstellen, bevor du ein teures Schmuckstück erwirbst.

Imitationen von Perlen gibt es viele. Glas z.B. (teilweise auch wachsgefüllt) ist eine Imitation, die du schon in antikem Schmuck finden kannst. Die Gewissheit, dass der Schmuckschatz, der sich vielleicht seit Generationen in deiner Familie befindet, nur aus echten Perlen (oder Edelsteinen) besteht, könnte unter Umständen trügerisch sein. Fälschungen gibt es schon sehr lange auf dem Markt.

Plastikperlen (tlw. mit Überzügen) kann man oft an ihrem geringen Gewicht erkennen. Ketten aus diesen Perlen liegen meist unschön am Hals der Trägerin, weil sie zu leicht sind.

Eine Spezialität sind Perlenimitationen, die in Spanien bzw. Mallorca in traditionellen Betrieben seit ca. 100 Jahren hergestellt werden. Diese Perlen werden normalerweise mit wohlklingenden Firmen- oder Kunstnamen bezeichnet, z.B. *Majorica Perlen*, *Mallorca Perlen* oder ähnlich. Die Herstellung als Kunstperle wird (auf Nachfrage) auch als solche ausgewiesen, und für Interessierte kann es durchaus informativ sein, einmal eine der Produktionsstätten auf Mallorca zu besichtigen.

Die Rezepturen der künstlichen Perlmuttbeschichtungen werden meist streng gehütet, und die Produktionsfirmen sind stolz auf lange Jahre traditioneller Herstellung. Es ist auch nichts gegen den Kauf dieser Kunstprodukte einzuwenden, solange man sich bewusst ist, dass es sich hierbei kaum um eine Wertanlage handelt. Wir stufen solche Perlen in die Rubrik "Modeschmuck" ein. Die Qualität ist oft sehr gut, die Perlen sind schön geformt, in großer Farbvielfalt und in allen Größen erhältlich. Nichtsdestotrotz sind es keine echten Perlen.

Majorica Perlen

Oben: So werden diese Kunstperlen produziert.
Manacor, Palma de Mallorca
Antonio Gravante

Rechts: Das fertige Endprodukt ist durchaus ansehnlich.
Ukraine, Kiev
Iuliia Chugai,

beide / Shutterstock

Es gib einen weit verbreiteten Test, um natürliche Perlen von künstlichen zu unterscheiden: den berühmten *Zahn-Test*. Künstliche Perlen haben meist eine ganz glatte Oberfläche, während echte Perlen natürlich und unregelmäßiger gewachsen sind, was sich in ihrer makroskopischen Oberflächenstruktur zeigt.

Wenn du eine Perle zart an deinen Zähnen reibst (mit den Vorderzähnen ganz vorsichtig draufbeißen), fühlen sich Naturperlen und echte Kulturperlen leicht rau oder "sandig" an, während sich Imitationen meist perfekt glatt anspüren. Einmal abgesehen vom hygienischen

Gesichtspunkt ist das ein ganz passables Werkzeug für einen ersten Test vor dem Perlenkauf. Behandlungen, Färbungen, etc. kannst du damit jedoch nicht feststellen.

Behandlungen von Perlen stehen heutzutage an der Tagesordnung. Speziell die häufig vorkommenden Akoyaperlen werden meist *gebleicht*, um einen einheitlich weißen Farbton zu erhalten.

Andere Perlen werden künstlich *gefärbt*. Speziell die beliebten und teuren goldenen Südseeperlen werden manchmal so hergestellt. Ebenso Vorsicht geboten ist bei schokoladefarbenen Perlen. Generell gilt: Wenn der Farbton allzu intensiv aussieht, solltest du jedenfalls nachfragen, ob die betreffende Perle künstlich gefärbt wurde.

Wie bei den Edelsteinen auch sind Farbveränderungen völlig okay, wenn sie dir gefallen. Du solltest aber nicht den Preis ungefärbter Perlen dafür bezahlen.

Wenn du eine Lupe besitzt, kannst du damit in die Bohrlöcher einer Perle gucken und dort eventuell verräterische Farbanlagerungen entdecken. Damit hättest du einen Hinweis, dass die konkrete Perle künstlich farbverändert wurde. Die Sicherheit, eine natürlich gefärbte Perle zu kaufen, wir dir aber nur ein Gutachten oder ein Händler, dem du vertraust, geben können.

Auch dünne *Polymerbeschichtungen* zur Verbesserung der Farbe oder des Lüsters werden angewendet. Kratzer werden oft auspoliert, teilweise mit aggressiven Chemikalien, die den Glanz und die Oberfläche der Perle angreifen.

Die moderne Technik entwickelt immer neue Methoden zur Verbesserung des tatsächlichen Aussehens ("actual appearance"), was aber nicht unbedingt eine Qualitätsverbesserung bedeutet. Manchmal werden Perlen durch die Behandlungen spröde, färben ab, etc.

Leider ist es schwierig, diese künstlichen Veränderungen von Perlen selbst zu diagnostizieren. Meist wird dazu ein professionelles Labor benötigt.

Oben: Einzelne Perlen lassen sich genauso effektvoll wie Diamanten oder Farbedelsteine in Szene setzen.
Goldener Ring & Anhänger – *pearl314*
rosa Ohrringe – *boykung*

Links: Schokoladefarbene Perlen. Der Farbintensität wird oft künstlich etwas nachgeholfen.
Ohrringe - *IMG Stock Studio*
Ring - *Tanhauzer*

alle / Shutterstock

KAPITEL 5
Schmuck kaufen – Schmuck tragen

Nachdem wir dir nun eine große Vielfalt von Edelsteinen und Perlen vorgestellt haben – unter denen vielleicht schon der eine oder andere spezielle Favorit für dich dabei war – möchten wir dir nun noch einige Ideen liefern, wie du dein Traumschmuckstück gestalten kannst.

Wir verraten dir, worauf es beim Schmuckkauf ankommt, stellen dir kreative Kombinationen von Edelsteinen und Perlen vor, und zeigen dir klassische wie auch neue Wege, dein Lieblingsschmuckstück zu tragen.

Schmuckkauf ohne böse Überraschungen

Wie wir schon in den vorigen Kapiteln mehrfach angemerkt haben, lautet unser erster und wichtigster Ratschlag an dich, wenn du den Erwerb eines Edelsteins oder Schmuckstücks überlegt: Kaufe ausschließlich bei Händlern, denen du vertraust.

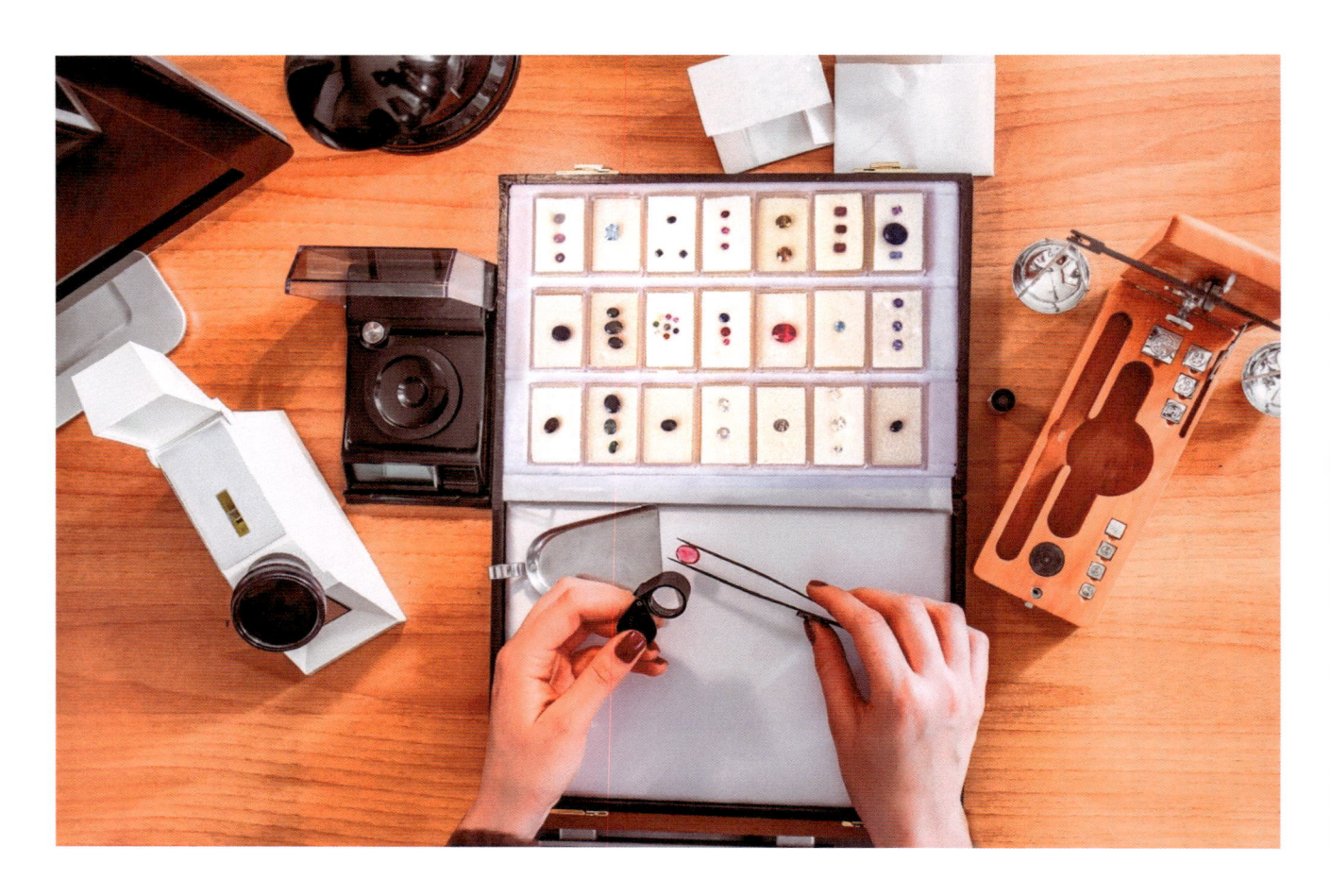

Linke Seite unten:

Eine Gemmologin inspiziert einen Rubin. Dabei wird der Stein genau vermessen, unter dem Mikroskop begutachtet und teilweise mit Hilfe von speziellem Laborgerät auf seine Echtheit geprüft. Beim Ankauf von Schmuck und Edelsteinen kann es sinnvoll sein, einen solchen Experten hinzuzuziehen, um nicht einer Fälschung aufzusitzen.
pixelrain / Shutterstock

Rechts:

Auktionshaus Sotheby´s in London. Bei Schmuck- oder Edelsteinauktionen kannst du einzigartige und mitunter günstige Schätze erstehen.
Tupungato / Shutterstock

Die Möglichkeiten, Steine zu fälschen oder zumindest so irreführend anzupreisen, dass du eine Rarität zu erwerben glaubst, sind heutzutage leider besser denn je. Selbst Fachexperten benötigen oft hochmoderne Laborausrüstung, um Synthesen sicher erkennen zu können. So reizvoll – und vermeintlich kostengünstig – es gelegentlich erscheinen mag, ein Juwel aus unbekannten, exotischen oder anderweitig obskuren Quellen zu erwerben, so möchten wir dir doch davon abraten. Jedenfalls dann, wenn du deinen Schmuck auch als Wertanlage sehen willst.

Wenn du bei einem Juwelier, Edelsteinhändler, Goldschmied oder Auktionshaus im deutschsprachigen Raum einkaufst, so ist das Risiko, einer Fälschung aufzusitzen, eher gering. Das Gleiche gilt für die meisten westeuropäischen Länder. Solltest du trotzdem Bedenken haben, so kannst du immer *vor* dem Kauf auf ein anerkanntes gemmologisches Gutachten bestehen (Adressen dazu findest du im Anhang).

Wenn dir ein Verkäufer ein (hauseigenes) Händlerzertifikat ausstellt, so ist das vielleicht eine Grundlage, um dann später, nach einer externen Untersuchung, dein Geld zurückzufordern. Mit Schwierigkeiten musst du hier aber natürlich rechnen. Wir haben leider schon Händlerzertifikate von exklusiven Juwelengeschäften in europäischen Urlaubsländern gesehen, die noch nicht einmal das Papier wert waren, auf das man sie druckte ...

Es gibt spezielle Teststifte im handlichen Format, mit deren Hilfe auch ein Laie Diamanten von Imitationen wie z.B. künstlichen Zirkonia oder Moissaniten unterscheiden kann. Der Zuverlässigkeit dieser Geräte sind jedoch Grenzen gesetzt.
Nut Korpsrisawat / Shutterstock

Wenn du direkt von einer Privatperson, die dir fremd ist, etwas kaufen möchtest, so empfehlen wir dir ebenfalls, ein Gutachten erstellen zu lassen. Ein ehrlicher Verkäufer wird damit niemals ein Problem haben.

Auch online kannst du heute eine wunderbare Vielfalt an Edelsteinen und Schmuckstücken erwerben. Oft findest du hier Raritäten – und Preise, die mitunter unter denen der City-Juweliere liegen. Wenn dir die Website seriös erscheint und dir ein Rückgaberecht bietet, falls dir ein gekauftes Schmuckstück nicht gefällt, so kannst du auch auf diesem Wege das eine oder andere Kleinod erstehen. Generell ist es aber schwierig, Schmuckstücke unbesehen zu kaufen. Im Zeitalter von *Photoshop* und anderen Bildbearbeitungsprogrammen hält ein Edelstein leider nicht immer, was ein Foto verspricht. Wann immer es möglich ist, sieh dir Schmuck und Edelsteine vor dem Kauf mit freiem Auge an, idealerweise auch in unterschiedlichen Lichtverhältnissen.

Bei Diamanten kann man mit einem anerkannten Gutachten auch beim Online-Kauf ziemlich sicher sein, das zu erhalten, was auf dem Papier steht. Hier gibt es ja genaue Bewertungskriterien (auch wenn natürlich jegliche Beratung fehlt). Wenn du die Regeln der 4C beherrschst, die wir am Anfang des Buches beschrieben haben, kannst du einen Diamanten nach deinem Budget und Bedarf bestellen, ohne den Stein gesehen zu haben. Gerade Farbsteine und Perlen erscheinen aber je nach Beleuchtung und Art des Lichts völlig unterschiedlich und lassen sich in Worten nur unzureichend beschreiben.

Unser Tipp: Stelle bei allen Online-Käufen sicher, dass du ein unbeschränktes Rückgaberecht hast und beachte bei internationalen Auktionen, dass du deine erstandenen Waren vielleicht gar nicht mehr zurückschicken darfst (Zollrestriktionen z.B. nach Israel, Russland etc.)!

Auktionshäuser haben den Vorteil, dass du günstigen, oft gebrauchten Schmuck erwerben kannst, den du dir vor Ort auch ansehen kannst. Meist gibt es Fachberater, die dir auf Wunsch zur Seite stehen. Denke aber daran, dass bei

Auktionshäusern Gebühren und manchmal zusätzliche Steuern anfallen, die eine beträchtliche Größenordnung des Kaufpreises ausmachen können!

Edelsteingutachten

Schon mehrmals haben wir Edelsteingutachten erwähnt. Was musst du beachten, wie sehen diese aus und wie kannst du sicher sein, dass ein vorgelegtes Gutachten auch zu deinem Stein gehört?

Generell muss man heutzutage sagen: Wenn du wertvollen Schmuck oder Diamanten, Farbsteine oder Perlen kaufst, lass dir ein anerkanntes Gutachten ausstellen. (Sorry, wenn wir auf diesem Punkt scheinbar übergebührlich herumreiten, aber wir möchten dir gern herbe Enttäuschungen und finanziellen Schaden ersparen.)

Alternativ dazu kannst du Edelsteine, die schon in deinem Besitz sind, natürlich auch nachträglich untersuchen lassen.

Eine Liste von anerkannten Gutachtern haben

Zertifikat für einen Brillanten von der GIA (Gemological Institute of America), einem der führenden Gutachter weltweit. Du findest in einem solchen Dokument die genauen Maße deines Diamanten, eine Beurteilung von Farbe, Reinheit und Schliff – nicht jedoch eine Wertangabe.
GIA / Bernhard Weninger

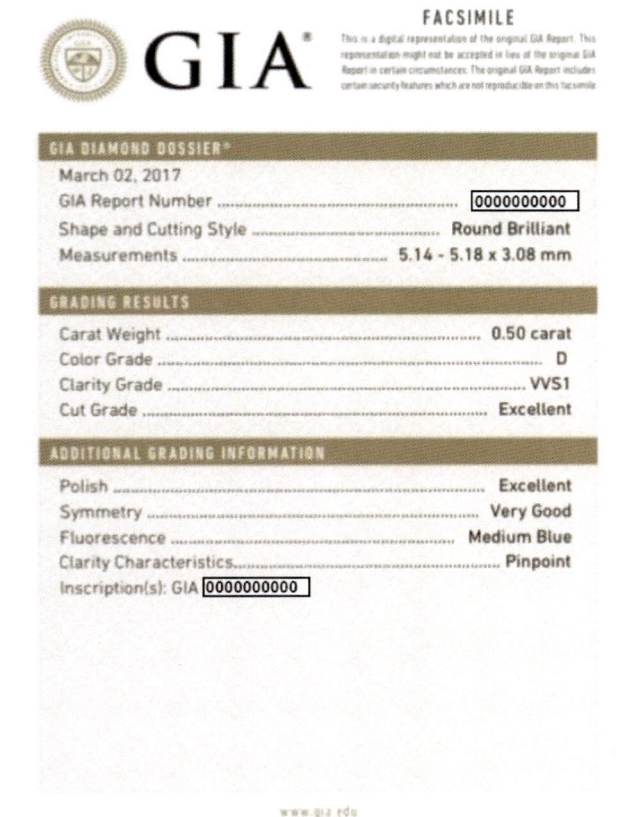

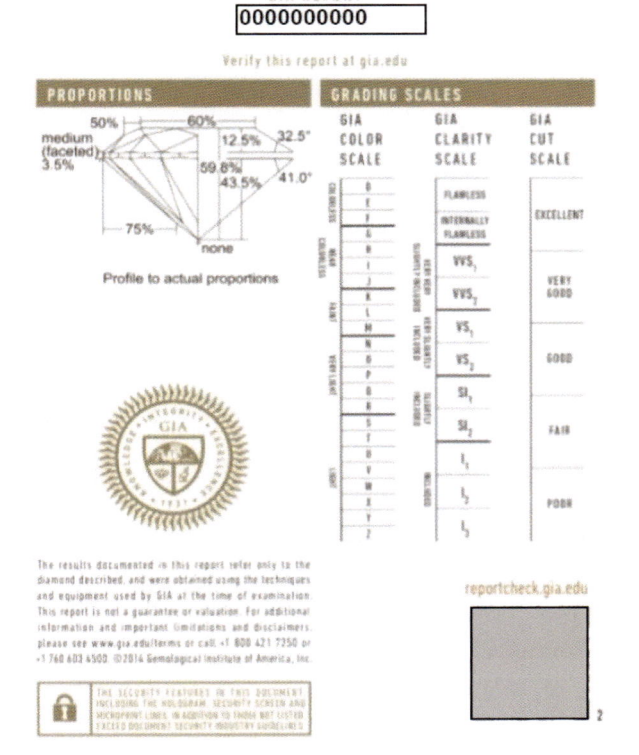

GEMSTONE REPORT
EDELSTEINBERICHT
RAPPORT DE PIERRE PRÉCIEUSE

No.	GRS2019-000000	Origin	
Date	29.Februar 2019		Gemmological testing revealed characteristics corresponding to those of a natural peridot (-olivine) from:
Object	One faceted gemstone		
Identification	Natural Peridot (-Olivine)		Burma (Myanmar)

Weight	11.49 ct
Dimensions	12.70 x 12.03 x 8.90 (mm)
Cut	brilliant/step (4)
Shape	rectangular cushion
Color	"vibrant" yellowish-green
Comment	No indication of treatments

Dr. A. Peretti FGG FGA
European Geologist
© GRS Gemresearch Swisslab AG, P.O. Box 4028, 6002 Lucerne, SWITZERLAND

INTERNET
www.gemresearch.ch
www.swissreports.com

Dieser Edelsteinbericht wird nur unter der Voraussetzung abgegeben, dass die wichtigsten Informationen auf der Rückseite als Vertragsbestandteil mit der GRS-Gemresearch Swisslab AG akzeptiert worden sind. Spezielle Beachtung ist der Handhabung mit der Deklarieren von Behandlungen zu schenken.

GRS-Gemresearch Swisslab Gemstone Reports are issued under condition that the information and limitation on the reverse side form an integral part of the relevant contract with GRS Gemresearch Swisslab AG. Please note the regulations governing the declaration of gemstone treatments.

Edelsteinbericht über einen Peridot der GRS
(Gemresearch Swisslab), einem anerkannten Schweizer Gutachter.
Bei Farbedelsteinen existiert kein so exaktes Einstufungssystem wie bei Diamanten.
Du kannst einem derartigen Zertifikat die Art des untersuchten Steins entnehmen, seine
Maße inkl. Gewicht, den Schliff, eine Beschreibung der Farbe und etwaiger
Behandlungen, sowie (in manchen Fällen) die Herkunft – in diesem Fall Burma.
Dazu gibt es noch ein kleines Foto, das den Stein abbildet. Anhand all dieser Daten kann
das Gutachten dem fraglichen Peridot zweifelsfrei zugeordnet werden.
GRS / Bernhard Weninger

wir im Anhang angeführt, wobei wir uns hier einerseits auf weltweit anerkannte Institute und andererseits geografisch auf den deutschsprachigen Raum beschränkt haben. Die Liste gibt daher keinerlei Gewähr auf Vollständigkeit. Erkundige dich bei Bedarf beim Juwelier deines Vertrauens, ob es in deiner Nähe anerkannte Edelsteingutachter gibt.

Die Qualität und Strenge von Gutachten kann unterschiedlich sein. Ebenso können die Preise abweichen, die von verschiedenen Gutachtern für den gleichen Edelstein angegeben werden (wenn überhaupt ein Wert geschätzt wird).

Beim Einkauf ist es für dich sicher günstiger, z.B. einen Diamanten mit einem Gutachten zu erwerben, das weniger streng beurteilt als andere. Beim Wiederverkauf hingegen wirst du mehr Geld für einen Stein mit einem Top-Gutachten eines strengeren Labors bekommen.

Farbedelsteine haben meist nur *Identifikationsgutachten* (identification report). Das bedeutet, dass du mit dem Gutachten sicher sein kannst, z.B. einen echten Saphir zu besitzen, der auch nur erhitzt (thermal enhancement) und nicht anderweitig behandelt worden ist. In den Gutachten werden manchmal die Schliffqualität und die Qualität der Farbe angegeben, auf Anfrage auch die Herkunft des Steines, sofern diese bestimmbar ist.

Die international anerkannten Top-Gutachten geben jedoch meist keine sonstigen Qualitätsmerkmale der Farbedelsteine an. Ob ein Stein also wirklich schön ist, eine satte und gleichmäßige Farbe hat, lebhaft und somit tatsächlich wertvoll ist, kannst du daraus nicht herauslesen. Es werden (in der Regel) keine Einschlüsse und Einschlussbilder angegeben, auch "Fenster", Schliff-Fehler, mangelhafte Symmetrien oder Absplitterungen werden nicht angeführt.

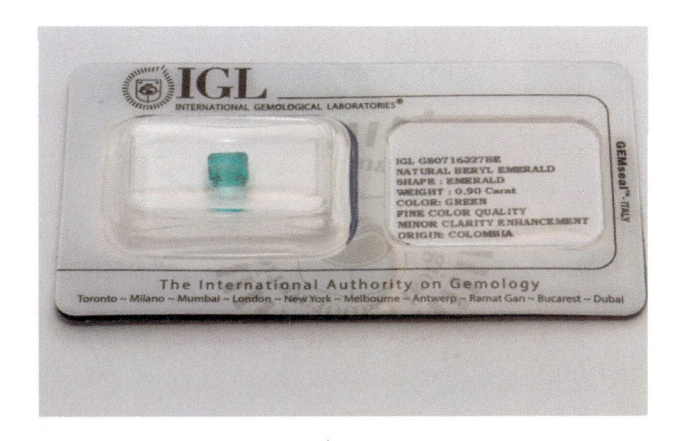

Renommierte internationale Gutachten kannst du meist online gratis verifizieren lassen. Hinweise dazu finden sich auf den Gutachten selbst oder auf der Homepage der Institute.

Lokal gibt es auch gemmologische Institute, die *Wertgutachten* ausstellen, also Schätzpreise für die untersuchten Edelsteine angeben. Das geschieht meist für Versicherungszwecke, und ist bei internationalen Top-Gutachtern eher nicht üblich. Für den Wiederverkauf im eigenen Land sind diese Institute aber durchaus hilfreich und geschätzt.

Oben:
Lasergravur auf der
Rundiste eines Diamanten
Bjoern Wylezich / Shutterstock

Links:
Gutachten mit einem in Plastik
plombierten Smaragd
IGL / Dr. Thomas Schröck

Die Zugehörigkeit eines Steines zu einem bestimmten Gutachten wird gelegentlich in Frage gestellt. Manche Skeptiker behaupten, dass man eventuell nur die Kopie eines anderen Gutachtens erhält – von einem Stein, der ähnlich aussieht und nichts mit dem vorliegenden Edelstein zu tun hat.

Daher verplomben manche Institute ihre begutachteten Steine in durchsichtigen Plastikpäckchen. Das Problem dabei ist: Sobald du die Plombe öffnest, verliert das Gutachten seinen Wert. Einen Edelstein will man aber doch "spüren", in der Hand halten und sein Funkeln hautnah erleben. Unserer Meinung nach sind

Verplombungen daher keine geeignete Kennzeichnungsmöglichkeit.

Diamanten werden oft mit einer Mikro-Laser-Inschrift auf der Rundiste graviert. Die Rundiste ist jener schmale Gürtel, der den Oberteil (Krone) eines Edelsteines vom Unterteil (Pavillon) trennt. Meist werden der Gutachtername und die Nummer des Gutachtens angegeben. Diese Schrift ist so klein, dass du selbst mit der 10-fachen Lupe Probleme haben wirst, sie lesen zu können. Meist wird ein Mikroskop dafür erforderlich sein.

Was die Wenigsten wissen: Echte Edelsteine sind immer Unikate und vom Fachmann auch ohne Verplombung o.ä. eindeutig auseinander zu halten. Die genaue Größe eines Steins (Länge x Breite x Höhe, auf Hundertstel mm genau) in Zusammenspiel mit dem genauen Karat-Gewicht (auf Hundertstel Karat genau) reichen bei Farbedelsteinen aus, um diese jederzeit eindeutig zu identifizieren. Es gibt keine echten Steine, die bei gleichen Abmessungen auch das gleiche Gewicht und die gleiche Farbe haben. Dazu sind die Edelsteine mit ihren Einschlüssen, Farbverteilungen und Schliffen viel zu individuell!

Bei Diamanten wird in den Gutachten auch deren Einschlussbild angegeben. Auch das sind Eindeutigkeitsmerkmale, die in Kombination mit den Abmessungen des Steines eine zuverlässige Identifikation ermöglichen.

Schmuckanfertigung nach Maß

Unten:
Skizzen zur Anfertigung eines
Schmucksets – oft der erste Schritt
im Designprozess
AVAtem / Shutterstock

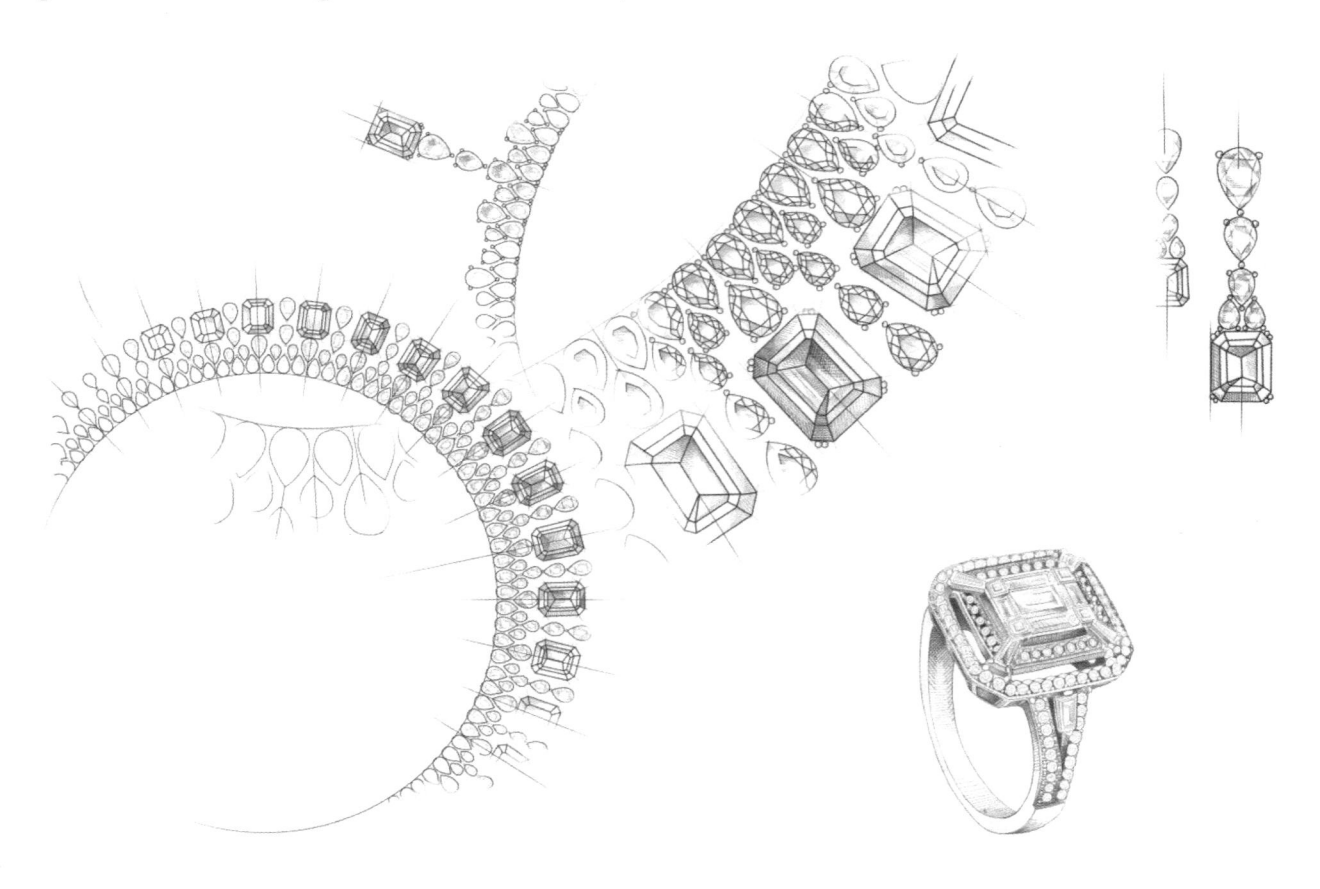

Schmuck nach Maß

Wenn du gern Mode shoppst, so ist dir sicher bewusst, dass ein Designerkleid von der Stange wesentlich günstiger zu haben ist, als wenn du dir etwas nach Maß anfertigen lässt. Im Schmuckhandel ist das interessanterweise nicht unbedingt der Fall. Wenn es um die teuersten Luxusmarken der Branche geht (Cartier, Tiffany, Bulgari etc.), so ist sogar das Gegenteil wahr: Ein für dich maßgefertigtes Schmuckstück kann dich günstiger kommen als ein Juwel aus der Auslage.

Wie kann das sein? Nun, Luxusmarken müssen sich die teuersten Shops in den besten Lagen der Stadt leisten, Unsummen für Marketing ausgeben, dazu mehrsprachiges Personal, Security etc.

Schmuckanfertigung nach Maß

Manche Juweliere / Goldschmiede bieten neben Skizzen des geplanten Schmuckstücks auch 3D Renderings mit Hilfe des Computers an

Unten und Mitte rechts: Skizzen für ein Smaragdset & eine lavendelfarbene Perlenkette
Rechts oben: 3D Renderings für Ohrringe & einen Damenring mit Saphiren
beides Vikar Ahmed

Rechts unten: Digitale 3D Skizze für Perlenohrringe
3djewelry / Shutterstock

Schon der Name dieser Luxusmarken weckt Sehnsüchte, suggeriert den ultimativen Luxus und steigert den Preis. Beim Einkauf in den Geschäften fühlt man sich, als urlaube man in einem Fünf-Sterne-Hotel. Die Ladeneinrichtung ist vom Feinsten, das Ambiente gediegen, der Service fantastisch (hoffentlich). Du erwirbst ein Produkt, das einen Namen hat, und du bezahlst für das außergewöhnliche Design jener hochkreativen Künstler, die für die Topmarken arbeiten. Das ist ein gutes Gefühl, und wenn du dich gern auf diese Art verwöhnst (oder verwöhnen lässt), so ist das völlig in Ordnung.

Wenn es dir aber beim Schmuckkauf eher darum geht, dein ganz persönliches Traumjuwel zu erwerben und es nach deinen Vorstellungen in ein Schmuckstück fassen zu lassen, so wirst du beim Juwelier/Goldschmied/Edelsteinhändler deines Vertrauens dafür deutlich weniger bezahlen, als wenn du beim Nobeljuwelier deiner Stadt ein Schmuckstück einer Luxusmarke erwirbst. Der Shoppingprozess ist in diesem Fall weniger glamourös, dafür kannst du aber einen wertvolleren Edelstein erwerben, als es dir sonst vielleicht möglich wäre. Du hast die Wahl.

Natürlich arbeiten auch nicht alle Goldschmiede für das gleiche Honorar. Erfordert dein Traumschmuckstück fortgeschrittene Handwerkskunst oder gar einen Großmeister seines Fachs? Oder möchtest du nur ein Erbstück, das du besitzt oder einen Edelstein, in den du dich anderswo verliebt hast, in einen klassischen Ring oder Anhänger fassen lassen? Letzteres kann so gut wie jeder Goldschmied zu deiner Zufriedenheit erledigen. Auch z.B. ein Berufseinsteiger, der sich über jeden neuen Kunden freut und noch moderate Preise verrechnet. Es kann sich für dich lohnen, die Goldschmiede deiner Stadt, deiner Region, zu besuchen und deren Preise zu vergleichen. Übrigens arbeiten auch viele Juweliere mit Goldschmieden

Anfertigung eines
Schmuckstücks nach Maß

Oben: Brennen des Rings
Unten: Fassen der Edelsteine
Rechte Seite oben: Schmirgeln
Rechte Seite unten: Polieren
alles Vikar Ahmed

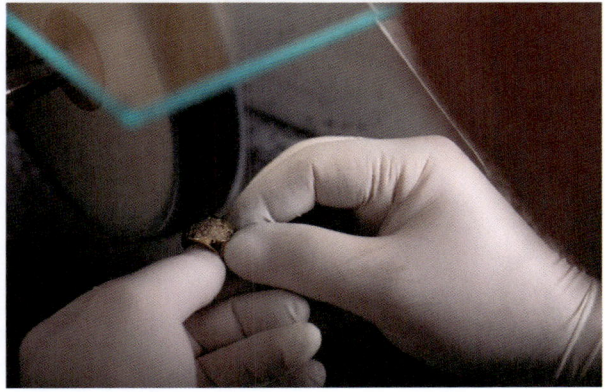

zusammen und bieten Schmuck nach Maß an. Erkundige dich einfach beim Juwelier deines Vertrauens, wenn du bereits einen kennst.

Wenn du noch nicht ganz genau weißt, wie dein Schmuckstück aussehen soll, so kannst du deinem Goldschmied im ersten Schritt eine Beschreibung geben und ihm vielleicht den Edelstein deiner Wahl zeigen. Er hat dann verschiedene Möglichkeiten, deine Ideen zu visualisieren.

Oft erhältst du als ersten Entwurf eine Skizze oder schon eine recht detaillierte farbige Zeichnung deines Traumschmuckstücks. Vielleicht sogar eine 3D Visualisierung mit Hilfe von spezieller Computersoftware.

Sagen diese Entwürfe dir zu, besteht eventuell (je nach Goldschmied, mit dem du arbeitest) auch noch die Möglichkeit, maßstabsgetreue Wachsmodelle oder 3D-Drucke aus Kunststoff anzufertigen. Diese Modelle kannst du dann z.B. am Finger probieren und dir so noch besser vorstellen, wie dein Traumschmuckstück am Ende aussehen wird.

Gerade wenn du extravaganten und/oder teureren Schmuck anfertigen lässt, empfehlen wir dir, zumindest nach einer guten Skizze zu fragen. So vermeidest du, dass du dann beim fertigen Schmuckstück eine böse Überraschung erlebst. Kläre mit deinem Goldschmied auch vor der Anfertigung ab, ob er dir mehrere Entwürfe (wie viele?) ohne Zusatzkosten anfertigt. Es ist ja durchaus möglich, dass ihr nicht den gleichen Geschmack habt und dir z.B. erst der 5. Entwurf gefällt.

Schmuck aus zweiter Hand?

Manche Frauen lieben es, Schätze aller Art aus zweiter Hand zu erwerben, für andere kommt "Gebrauchtes" keinesfalls in Frage. Zu welcher Kategorie gehörst du?

Wenn es um Schmuck aus zweiter Hand geht, so ist das weniger mit Second Hand Mode, sondern eher mit dem Kauf von Kunst zu vergleichen. Hättest du ein Problem, ein Gemälde von Van Gogh aus zweiter Hand zu kaufen? Vermutlich nicht – denn wenn du nicht gerade ein Fan der Gegenwartskunst bist, so hast du praktisch gar keine andere Wahl. Auch bei Kunstobjekten aus Glas, Porzellan, bei Teppichen, Uhren etc. kaufen Sammler und Liebhaber gern "Gebrauchtes" bei Auktionen. Es ist bezeichnend, dass man in diesem Fall eben nicht von *Second Hand* oder *Gebrauchtwaren* spricht, sondern von Antiquitäten bzw. schlicht von Kunst.

Bei Schmuck verhält es sich ganz ähnlich. Gold und Edelsteine haben noch dazu den Vorteil, dass sie praktisch nicht altern. Gemälde beispielsweise sind da deutlich anspruchsvoller, was Pflege und Restaurierungen anbelangt. *Diamonds are forever*, wie De Beers das so schön formuliert hat. Diamanten sind unvergänglich. Perlen und Farbedelsteine ebenso, wenn man ein Minimum an Vorsicht und Pflege investiert.

Wenn du heute einen Edelstein bei deinem Juwelier oder Edelsteinhändler erwirbst, so kann dieses Juwel bereits für ein paar Jahrzehnte in altem Schmuck gefasst gewesen sein und schon verschiedene Schmuckstücke geziert haben. *Neu* ist also beim Juwelenkauf immer ein relativer Begriff, insbesondere wenn du bedenkst, dass das tatsächliche Alter der Edelsteine Millionen von Jahren betragen kann!

Gut gepflegter Schmuck behält seine Schönheit über Generationen. Oft kannst du in Auktionshäusern oder bei Privatverkäufen traumhafte "Second Hand" Stücke zu einem günstigen Preis erstehen.

Oben: Ohringe mit
Perlen und Diamanten
Ukki Studio
Rechts Oben: Ring mit
Amethyst und Diamanten
Igor Grochev
beide / Shutterstock

Das bedeutet für dich, dass du ohne Bedenken Schmuck bei Auktionen kaufen kannst, selbst wenn du niemals ein Kleid aus zweiter Hand erwerben würdest (Adressen für Schmuckauktionen listen wir im Anhang für dich auf).

Wie empfehlen dir, nur zu renommierten Auktionshäusern zu gehen, die dir auch Beratung und Sicherheit beim Kauf geben.

Die meisten Auktionshäuser haben ihre Ware heutzutage vorab online ausgestellt, zumal die Kundschaft immer internationaler wird, und Käufe zum Teil erfolgen, ohne die Stücke tatsächlich gesehen zu haben. In den aufliegenden Auktionskatalogen ist jeweils angegeben, ob ein Schmuckstück irgendwelche Gebrauchsspuren oder gar Beschädigungen aufweist. Wenn das der Fall ist, so kannst du trotzdem zugreifen, du musst nur einkalkulieren, dass du etwas Geld in die Reparatur beim Goldschmied investieren, oder einen Edelstein nachpolieren/-schleifen lassen musst.

Die Preise, die du für Schmuck bei Auktionen bezahlst, liegen meist deutlich unter dem, was du beim Juwelier für ein ähnliches Schmuckstück ausgeben würdest. Aber: Kein Vorteil ohne Nachteil. Es kann eine gute Weile dauern, bis ein Stück zur Versteigerung kommt, das deinen Vorstellungen entspricht, und wenn du Pech hast, gibt es noch zahlreiche andere Interessenten für dieses Objekt. Bei manchen Auktionen schaukeln sich die Bieter gegenseitig hoch, und am Ende ist das begehrte Juwel gar kein Schnäppchen mehr. Wenn du zeitnah ein Geschenk für einen Geburtstag oder für Weihnachten suchst, ist dieser Weg des Juwelenkaufs also vermutlich der falsche. Wenn du aber das

Ambiente eines Auktionshauses genießt, dir gerne bei den Vorbesichtigungen die ausgestellten Kleinode ansiehst und Geduld für den Schmuckkauf mitbringst, so bist du bei einer Auktion genau richtig.

Trau dich auch ruhig, Beratung in Anspruch zu nehmen und die Stücke, die dich interessieren, genauer zu inspizieren. Gute Auktionshäuser haben immer Schätzmeister und Fachleute zur Hand, die dich beraten können – und das ganz neutral.

Berücksichtigen musst du bei der Preiskalkulation allerdings, dass auf dein Gebot noch Gebühren aufgeschlagen werden. Diese können – je nach Auktionshaus – 20% bis 30% betragen. Bei manchen Produkten, z.B. bei ungefassten (losen) Edelsteinen oder bei Waren, die aus dem Nicht-EU-Ausland kommen, musst du zusätzlich auch noch die Mehrwertsteuer einkalkulieren. Also noch einmal rund 19 - 20%, je nachdem, wo du zu Hause bist.

Zwei Tipps möchten wir dir noch mitgeben, wenn Schmuck aus zweiter Hand für dich in Frage kommt. Erstens: *Edelsteine lassen sich neu fassen.* Wenn du also bei einer Auktion einen Traumstein findest, er aber in einem scheußlichen Schmuckstück steckt, so ist das kein Problem. Dein Goldschmied kann den Stein ausfassen und nach deinen Vorstellungen zu einem ganz neuen Kleinod verarbeiten. Das Edelmetall, in das der Stein gefasst war, kannst du als Bruchgold verkaufen oder beim Goldschmied als Anzahlung für das erforderliche Gold des neuen Schmuckstückes hinterlegen.

Tipp Nr. 2: *Edelsteine lassen sich neu schleifen oder nachpolieren.* Wenn die Vorbesitzerin ihr Schmuckstück nicht mit der nötigen Achtsamkeit behandelt hat, so wird es vielleicht nötig sein, einen Edelstein nachschleifen zu lassen. Dadurch können Kratzer oder kleinere Absplitterungen korrigiert werden. Das kostet natürlich Geld, und der Stein verliert beim Nachschleifen ein wenig von seinem Karat-Gewicht. Es kann sich aber trotzdem lohnen, wenn der Kauf dafür entsprechend günstig ist.

Finde deine Lieblingsfarbe

Du suchst einen Edelstein in einer ganz bestimmten Farbe? Du willst ein Schmuckstück erwerben, das zu deinem Ballkleid oder deinem neuen Kaschmirpullover passt? Ein Juwel, das mit deiner Haar-, Haut- und Augenfarbe harmoniert? Wunderbar! Wir geben dir hier eine Übersicht, welche Edelsteine in welchen Farben erhältlich sind.

Manche Edelsteinfamilien bieten dir eine beeindruckende Farbenvielfalt

Oben: Quarze
Bernhard Weninger

Unten: Saphire
CEYLONS | MUNICH

Links:
Armbänder mit
Edelsteinen im Farbverlauf

Blau/Grün mit Amethysten,
Peridots, Aquamarinen,
Topasen und Iolithen

Rot/Violett mit Amethysten,
Granaten, Citrinen und Iolithen

beide Van Rossen / Shutterstock

Rechte Seite:
Diese Farbtafel kann dir
helfen, genau jenen Edelstein
zu finden, der deinen
Geschmack trifft – und
in dein Budget passt

Bildbeiträge von:
*Vikar Ahmed
CEYLONS | MUNICH
Bernhard Weninger
Shutterstock*

Grundsätzlich musst du wissen, dass viele Edelsteinvarietäten in verschiedenen Farben erhältlich sind. Ein Saphir ist nicht immer blau und ein Granat nicht immer rot!

Beispielsweise kommen Berylle (dazu gehören Smaragd, Aquamarin etc.), Korunde (Saphir und Rubin), Granate, Spinelle und Quarze in fast allen Farben des Regenbogens vor. Einige davon wirst du allerdings eher selten im Handel finden, eben weil sie (noch) unbekannt oder wenig gefragt sind.

Warst du schon einmal mit dem folgenden Problem konfrontiert? Du hast dich in einen Edelstein ganz bestimmter Farbe verliebt, stellst dann aber fest, dass dieses spezielle Juwel ausgerechnet zu den teuersten aller Steine gehört? In diesem Fall möchten wir dir gerne helfen. Im Folgenden zeigen wir dir die beliebtesten Farbtöne und listen jeweils einige Edelsteine für dich auf – von preisgünstig, über mittelteuer, bis hin zum obersten Preissegment. So kannst du eine gleich- oder zumindest ähnlichfarbige Alternative für deinen Wunschstein finden und dabei Geld sparen.

Unter den abgebildeten Steinen findest du jeweils ihren Namen. Dabei wirst du auch dem einen oder anderen Edelstein begegnen, den wir dir im Kapitel 3 noch nicht vorgestellt haben.

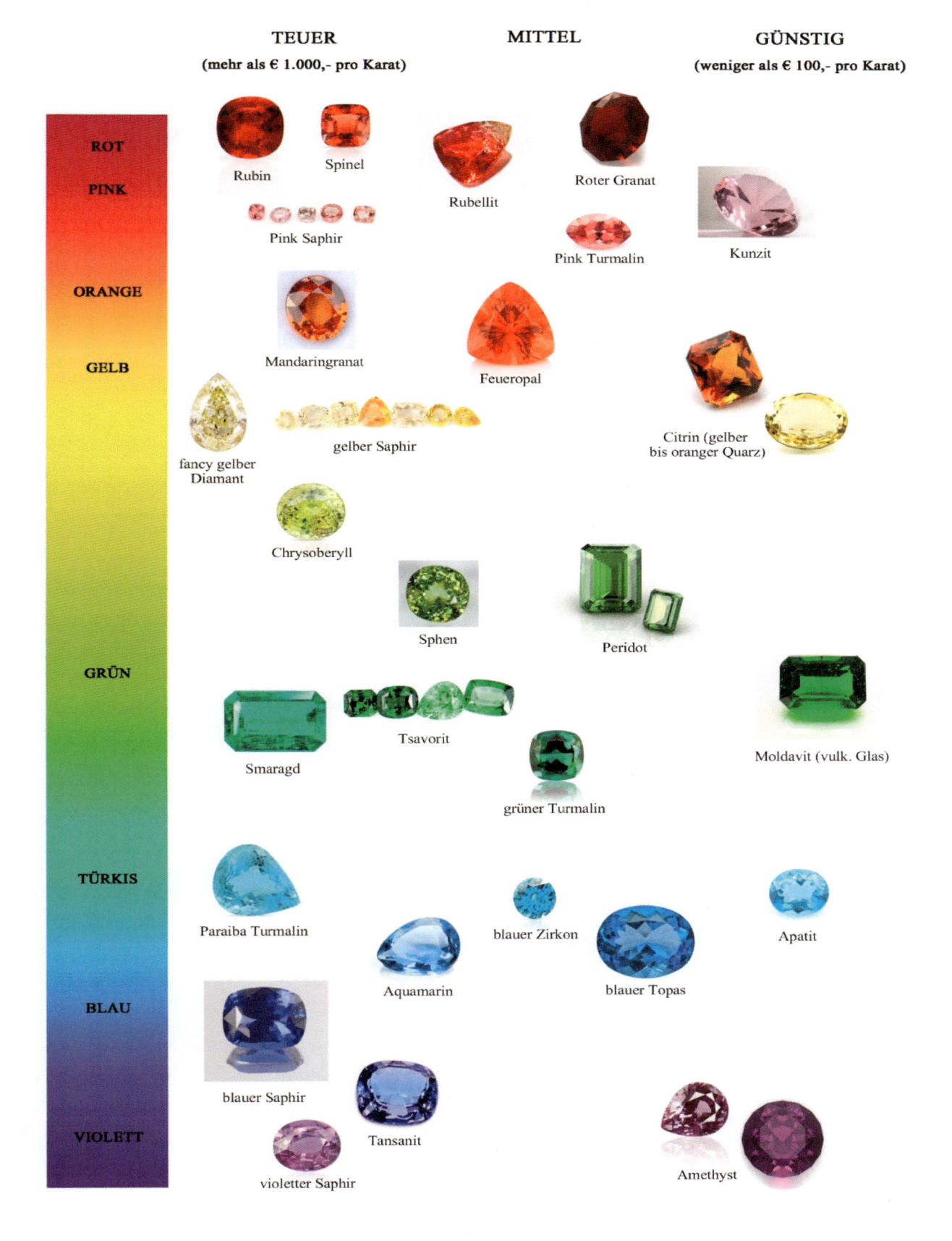

	TEUER (mehr als € 1.000,- pro Karat)	MITTEL	GÜNSTIG (weniger als € 100,- pro Karat)
ROT	Rubin, Spinel	Rubellit	Roter Granat
PINK	Pink Saphir	Pink Turmalin	Kunzit
ORANGE	Mandaringranat	Feueropal	
GELB	fancy gelber Diamant, gelber Saphir		Citrin (gelber bis oranger Quarz)
	Chrysoberyll	Sphen	
GRÜN	Smaragd, Tsavorit	Peridot, grüner Turmalin	Moldavit (vulk. Glas)
TÜRKIS	Paraiba Turmalin	Aquamarin, blauer Zirkon, blauer Topas	Apatit
BLAU	blauer Saphir	Tansanit	
VIOLETT	violetter Saphir		Amethyst

Wie gesagt, die Vielfalt der Edelsteine ist riesig.

Die hochpreisigen Steine findest du links im Diagramm, die günstigen "Zwillinge" auf der rechten Seite. Wir gehen dabei von Durchschnittspreisen aus. Du weißt jetzt bereits, dass der tatsächliche Wert eines konkreten Juwels von vielen Faktoren abhängt (Farbintensität, Größe, Schliff, Klarheit, Behandlung, etc.), aber wir möchten dir zumindest eine Orientierung geben.

Der begehrteste und damit teuerste Farbton eines speziellen Edelsteins muss nicht notwendigerweise derjenige sein, der dir am besten gefällt. Einerseits spiegeln die Preise natürlich Angebot und Nachfrage wider. So sind rote oder blaue Diamanten einfach seltener als farblose bis gelbe. Andererseits sind die Wertvorstellungen der Käufer, was Edelsteine anbelangt, genauso Trends und wechselnden Modevorlieben unterworfen, wie das beispielsweise bei Kleidung der Fall ist.

Vielleicht gefällt dir beim Aquamarin oder Saphir das zartere Blau besser als das kräftigere? Damit kannst du ein günstigeres Exemplar erwerben, weil bei diesen beiden Steinen die intensiven, dunkleren Farben teurer sind als die hellen Töne.

Wenn du mit einem gelben Diamanten liebäugelst, macht es einen deutlichen Preisunterschied, ob du einen in der Farbe S – Z kaufst, oder dich für einen echten Fancy Diamond (kräftigeres Gelb) entscheidest. Auch Diamanten der unteren Farbskala, also Richtung "Z", sind bereits stark gelb getönt. Trotzdem sind sie viel günstiger zu haben als rein weiße Diamanten oder echte fancy-farbige Steine.

Vielleicht magst du auch lieber etwas pinkere Rubine (statt der tiefroten Farbe), etwas rötlichere Mandaringranate oder etwas grünlichere (statt türkise) Paraiba Turmaline. In jedem Fall sparst du Geld beim Einkauf. (Beim Wiederkauf darfst du dann allerdings auch keine Höchstpreise erwarten.)

Schließlich sind die Preise von Edelsteinen auch von Trends abhängig. Jedes Jahr wird vom *PANTONE Colour Institute* eine besondere Farbe ausgewählt, die gerade als "in" gilt.

2019 z.B. wurde die Farbe des Jahres mit "Living Coral" (zartes orange-rosa) festgelegt. 2018 war es "Ultra Violet", ein tiefes Violett und 2017 "Greenery" ein gelbliches Grün (ähnlich der Peridotfarbe). Steine in der angesagten Modefarbe sind natürlich besonders gefragt und somit auch hochpreisiger als gewöhnlich.

Living Coral – Farbe des Jahres 2019
Julia Manga / Shutterstock

Extravagant und preisgünstig: Cabochons

Falls du bei den eben aufgelisteten Zwillingssteinen nicht fündig wurdest, beziehungsweise unbedingt einen ganz bestimmten Edelstein (z.B. deinen Geburtsstein) tragen möchtest, so gibt es eine weitere Möglichkeit, dein Traumjuwel zu einem erschwinglichen Preis zu erstehen.

Bei den Farbsteinen gibt es nämlich eine spezielle Schliffform, die bei undurchsichtigen (opaken), trüben (also nicht transparenten) Steinen oder solchen mit sehr vielen Einschlüssen zur Anwendung kommt. Die Rede ist vom *Cabochon Schliff*.

Ein Cabochon ist meist rund oder oval, hat eine ebene Unterseite und eine kuppelartig gewölbte Oberseite. Der Stein wird dabei nicht mit Facetten geschliffen, sondern rund und glatt poliert. Das Ergebnis ist ein Juwel, das an die Murmeln unserer Kindheit erinnern kann, an sanft schimmernde Bonbons, oder gar an Tropfen flüssigen Lichts. Vielleicht auch an Meerwasser, das zu einem Kristall geronnen ist.

Der Fantasie (und Poesie) sind bei der Beschreibung von Cabochons keine Grenzen gesetzt. Dementsprechend üben diese Juwelen eine ganz eigene Faszination aus. Und ihre Farbe

Farbedelsteine im Cabochonschliff

Oben, von links nach rechts
Reihe 1: Granat, Paraiba Turmalin, Rubellit
Reihe 2: Mandaringranat, Quarz, Sternrubin, Kunzit
Reihe 3: Amethyst
Bernhard Weninger, Foto: Alex Wagner

Unten: Saphire
photo33mm / Shutterstock

Rechts Mitte: Opale
Hippo1947 / Shutterstock

Rechts unten: Eine Schmuckkreation von Bulgari mit zentralem Smaragd-Cabochon
MonikaKL / Shutterstock

89

ist die gleiche wie bei den geschliffenen Exemplaren der jeweiligen Spezies.

Verschiedene Mineralien werden überhaupt (fast) nur in dieser Schliffform angeboten, zum Beispiel bunte Edelopale, Bernstein, Tigerauge, Mondstein etc.

Manche optischen Effekte kann man nur im Cabochon Schliff sehen, so zum Beispiel Katzenaugeneffekte (Chatoyance) oder Sterneffekte (Asterismus). Du kannst sie nur beobachten, wenn du mit einer punktförmigen Lichtquelle von oben auf den Stein schaust.

Kleine Stars ganz groß

Eine weitere Möglichkeit, ein schönes Schmuckstück zu besitzen, das preislich in dein Budget passt: *Setze auf mehrere kleinere Steine, statt auf einen einzelnen großen.* Wie wir schon weiter oben bei den Preisfaktoren besprochen haben, steigt der Karat-Preis eines Edelsteins mit seiner Gesamtgröße erheblich. Ein dreikarätiger Diamant beispielsweise kann gut das Drei- bis Vierfache von drei Einkarätern kosten. Und bei den meisten Farbsteinen verhält es sich ähnlich.

Wenn du also beispielsweise von einem wirklich großen Diamantring träumst, so hast du die Möglichkeit, z.B. einen Halbkaräter in die Mitte zu setzen und ihn mit kleineren Diamanten (z.B. 0.2-Karätern) zu umranden. So ein Ensemble funkelt genauso atemberaubend wie ein großer Stein und kostet nur einen Bruchteil.

Einen wunderschönen Effekt ergeben auch Edelsteine in *Pavé-Fassung* – viele winzige Steine, dicht nebeneinander gesetzt. Sie können einen größeren Stein dramatisch in Szene setzen, funkeln aber auch für sich genommen wie ein Abendhimmel voller Sterne.

Besonders die Farbintensität eines Steines

Kleine Edelsteine in Pavé-Fassung dicht aneinandergesetzt funkeln genauso schön wie viel größere Steine
Links: Herzanhänger - *Fruit Cocktail Creative*
Oben: Diamantsolitär, optisch vergrößert durch zwei Reihen Pavé-Steine - *Mark S Johnson*
beide / Shutterstock

(Leuchtkraft) und sein Funkeln (Brillanz, Feuer) tragen dazu bei, dass auch hochwertige kleine Edelsteine mit gutem Schliff toll zur Geltung kommen können. So kann ein ganz kleiner knall-türkiser Paraiba Turmalin auf deinem Finger ein Blickfang sein, dem viel größere, dafür aber dunkle und matte Steine niemals das Wasser reichen könnten.

Kreativ kombiniert

Du hast heutzutage eine riesige Fülle an Möglichkeiten, Edelsteine miteinander zu kombinieren. Bei klassischen Schmuckstücken findet man Farbsteine meist in Kombination mit Diamanten – oft nach dem Prinzip: großer Farbstein in der Mitte, umgeben von kleineren Diamanten.

Dagegen ist natürlich nichts einzuwenden, aber mit dem heutigen Angebot an Farbsteinen – und Perlen – kannst du auch wagemutigere Kombos in Betracht ziehen. Steine, die auf dem Farbenrad nebeneinander – oder auch vis-à-vis angesiedelt sind, passen oft wunderbar zueinander. Edelsteine und Perlen sind fantastische Partner und ergeben außergewöhnliche Schmuckstücke, mit denen du die Blicke auf dich ziehst. Bunt schillernde Edelopale lassen sich gut mit einfarbigen Steinen aller Art in Szene setzen. Und die Größen der Steine, bzw. Perlen kannst du natürlich auch variieren.

Farbsteine umgeben von Diamanten sind eine klassisch schöne Kombination

Links oben:
Ring mit Pink Saphir
Vikar Ahmed

Links unten:
Ringe mit Rubinen und Amethyst
elen_studio / Shutterstock

Perlen und Edelsteine harmonieren oft wunderbar und lassen sich zu außergewöhnlichen Schmuckstücken kombinieren

Ganz oben:
Ohrringe mit Turmalinen und Perlen
Dr. Thomas Schröck

Oben Mitte:
Ring mit goldener Perle und Rubinen
lilavadee / Shutterstock

Auch die klassische Perlenkette lässt sich auf neue Arten inszenieren. Wenn du keine Edelsteine beimischen möchtest, so kannst du dein Perlencollier oder -armband beispielsweise in einem Farbverlauf (unterschiedliche Nuancen der Perlenfarben) anlegen.

Es ist aber auch sehr hübsch, wenn du zwischen die Perlen Farbsteine setzt. Diese können sogar im Rohschliff sein, und ergeben einen interessanten Effekt.

Wenn es darum geht, dein nächstes Schmuckstück auszuwählen, kannst du auch einmal

Kreative Schmuckkombinationen – deiner Fantasie sind keine Grenzen gesetzt

Links, von oben nach unten:
Ring mit Perle, Saphiren und Diamanten
lynnette / Shutterstock
Collier mit Rubellit und Diamanten
Vikar Ahmed
Ring mit Opal, Diamanten und Saphiren
GazTaechin / Shutterstock

Unten:
Perlen mit ungeschliffenen Turmalinen
Alex Wagner

etwas in Erwägung ziehen, das du sonst nicht trägst. Wie wäre es z.B. mit einer Brosche? Oder einer Haarspange? Letztere sehen nicht nur bei langem Haar gut aus, sondern können auch einen Kurzhaarschnitt so richtig aufpeppen.

Broschen und Haarspangen eignen sich (wie auch Halsketten oder Ohrringe) übrigens besonders gut für eher empfindliche Edelsteine (oder Perlen). Im Gegensatz zu Ringen oder Armbändern werden sie weniger beansprucht und bleiben länger unversehrt.

Wenn du Schmuck schenken möchtest, sind Haarspangen, Broschen und Ohrringe ideal, weil sie für alle Größen passen. Ringe müssen fast immer im Nachhinein angepasst werden, wenn du die Ringgröße der/des Beschenkten nicht kennst. Und bei Ketten, insbesondere wenn sie eher eng um den Hals liegen, kann es auch vorkommen, dass Schmuckstück und Beschenkte/r nicht so ganz zueinander passen.

Viele Juweliere bieten dir aber eine einmalige Größenanpassung kostenlos an, wenn du ein Schmuckstück als Geschenk kaufst.

Das Geschenk für deine Mutter

Eine wunderhübsche Idee, deiner Mutter ein einzigartiges Geschenk zu machen, kommt aus den USA, ist bei uns aber noch nicht so verbreitet. Zu Unrecht, wie wir finden. Die Rede ist vom sogenannten *Mom Ring*.

Es handelt sich dabei um einen Ring, für den die Kinder einer Frau jeweils einen Edelstein besteuern. Das können deren persönliche Geburts-/Monatssteine sein. (Es gibt für jedes Sternzeichen zugeordnete Edelsteine, bzw. sind verschiedene Listen im Umlauf, welcher Stein zu welchem Sternzeichen passt.)

Haarschmuck ist das ideale Geschenk für die Schmuckliebhaberin, die sonst schon alles hat

Links oben:
Pin mit Türkisen und Paraiba Turmalinen

Links unten:
Haarspangenkombination in Blau

Unten Mitte:
Steckkamm mit Turmalinen

Unten rechts:
Haarnadel in Regenbogenfarben

alle *Jennifer Althaus / Jionova*

Januar	Roter Granat	
Februar	Amethyst	
März	Aquamarin	
April	Diamant	
Mai	Smaragd	
Juni	Rauchquarz	
Juli	Rubin	
August	Peridot	
September	Saphir	
Oktober	Pink Turmalin	
November	Citrin	
Dezember	Blauer Topas	

demjenigen deiner Mutter kombinieren – und auch noch den deines Vaters hinzufügen. Damit hätte deine *Mom* dann quasi einen *Familienring*, der ihr bestimmt auch große Freude bereiten wird.

Links:
Geburtssteine für jeden Monat im Jahr
Vektor-Art von Salenta / Adobe Stock

Mitte und unten:
So können Mom Rings aussehen –
weniger bunt geht es aber natürlich auch
Mitte:
Ring mit farbigen Diamanten
kwanchai.c
Unten:
Ring mit pink Turmalin, Peridot,
Citrin, blauem Topas und Diamanten
dani3315
beide / Shutterstock

Jedes Kind kann aber auch einfach einen Edelstein auswählen, der ihm/ihr besonders gut gefällt.

Eine Mutter mit z.B. drei Kindern (oder auch eine Großmutter mit drei Enkeln) erhält dann einen Ring mit drei Steinen, der ganz individuell von ihrer Familie zusammengestellt wurde. Zusätzlich könnt ihr auch noch eure Namen in das Innere des Rings eingravieren lassen.

Falls dir die Idee gefällt, du aber ein Einzelkind bist, so kannst du deinen Geburtsstein auch mit

Schmuck für die Kleinen

Auch Kindern kann man mit kleinen Edelsteinen oder Perlen eine große Freude machen. In diesem Fall empfiehlt sich kein allzu teures Kleinod, weil es schon mal verloren oder kaputt gehen kann. Aber eine schlichte Kette mit einem Farbstein oder einer Perle – oder auch Ohrringe, falls deine Tochter / Enkelin / Nichte gestochene Ohren hat, sind hübsche Geschenkideen. Sie sind romantischer als ein Sparbuch, und trotzdem eine Wertanlage für die Zukunft. Vielleicht wirst du dabei feststellen, dass schon ganz junge Mädchen ein erstaunlich gutes Auge für Edelsteine beweisen.

Kinderschmuck - im klassisch schlichten Look oder bewusst verspielt
Oben: Kette mit Smaragd für ein junges Mädchen
Harald Weninger
Rechts: Teddybär-Brosche
Art of Life / Shutterstock

Jungs interessieren sich meist nicht so sehr für Glitzerkram, aber Ausnahmen bestätigen natürlich auch hier die Regel. Die ersten Schmuckgeschenke erhalten heranwachsende junge Burschen meist als Kleinkind in Form eines Taufkettchens oder zur Firmung als Armbanduhr.

Schmuck für IHN

In der Vergangenheit wurde auch im europäischen Raum hochwertiger Herrenschmuck in verschiedenen bunten Farben getragen, natürlich vor allem in adeligen Kreisen.

Im französischen Barock schmückte sich Ludwig XIV. als Sonnenkönig mit den kostbarsten Diamanten, Perlen und Edelsteinen. Er trug diesen Schmuck zu unterschiedlichsten Anlässen und hatte viele Nachahmer. Seit dieser Zeit bis hinein ins 19. Jhdt. schmückten sich die "hohen Herren" gern glitzernd und farbenfroh. Sie stellten aufwendig gearbeitete Abzeichen, Jackenknöpfe, edelsteinbesetzte Schuhschnallen und kunstvoll verzierte Waffengriffe zur Schau.

Im 19. Jhdt. wurden die bunten Uniformen der Adeligen durch die strengen und schlichten Gehröcke sowie später durch Frack und Straßenanzug abgelöst. Der Schmuck wurde schlichter, jedoch waren immer noch diamant- oder edelsteinbesetzte Manschettenknöpfe und Krawattennadeln, Gehstöcke mit großen Farbsteinen (z.B. mit orangen Bernsteinköpfen, Elfenbeingriffen, Tigerauge etc.), diamantbesetzte Taschenuhren mit entsprechend verzierten Ketten, massive Ringe mit farbigen Steinen etc. in Mode.

In anderen Kulturen wurde und wird bunter Herrenschmuck noch viel häufiger verwendet. Die Herrscher im asiatischen Raum haben sich mit Jade und Perlen reich geschmückt, und im verspielten Orient tragen die reichen Edelmänner seit jeher gern bunte Farbedelsteine und Perlen.

Auch im klerikalen Bereich, speziell bei hohen Würdenträgern, sind Farbedelsteine beliebt. Man denke nur an die Verwendung der violetten Amethyste für Ringe, Kreuze und liturgische Gewänder.

In der jüngeren Vergangenheit war (und ist bis heute) die Schmuckauswahl für Männer im europäischen Raum recht bescheiden. Man trug eine Uhr, einen Ehering, der meist ohne Edelstein auskam, vielleicht einen Siegelring (manchmal mit schwarzem Onyx oder dunklen Lagensteinen verziert). Bei speziellen Anlässen

MÄNNERSCHMUCK

Links oben:
Geschnitzte Tahiti-Perle
an einem Lederband
solkanar

Links unten:
Man(n) trägt seine Edelsteine auch gern
auf der Uhr – hier eine Rolex mit
Diamanten und Smaragden
Kim Diaz

Ganz oben:
Manschettenknöpfe mit weißen
und schwarzen Diamanten
Victoria Melnik

Oben Mitte:
Manschettenknöpfe und Krawattennadel
im Retro-Look mit Bernstein
Lena Lir

alle / Shutterstock

konnte man Manschettenknöpfe anlegen, und vielleicht eine Krawattennadel, die mit einem dezenten Diamanten verziert war.

Heute werden von Männern dazu noch Gold- oder Silberketten in mehr oder weniger massiver Ausführung, oft mit Kreuzen, Sternzeichen oder sogar Haifischzähnen oder Totenköpfen als Anhänger getragen. Lederarmbänder oder Lederketten mit Anhängern in dezenten Grau- und Brauntönen sind auch gefragt. Selten verirren sich bunte Anhänger an Männerhälse.

Trotzdem: Gerade heutzutage, in unserer aufgeschlossenen Welt, kann *Mann* ruhig etwas Mut zur Farbe zeigen! Kleine Farbsteine, die versenkt gefasst sind, wirken edel und dezent, und du kannst jedes Schmuckstück damit verzieren – inklusive der eben erwähnten Krawattennadeln oder Manschettenknöpfe. Eckig geschliffene Edelsteine (z.B. Princess- oder Smaragdschliff) sind bei Männern besonders beliebt.

Ketten aus Weißgold, wenn sie dezent sind, und dazu ein einzelner gefasster Edelstein, sind auch längst salonfähig. Von stärkeren Ketten in

Männerringe – von dezent bis extravagant

Oben: Ringe mit Perlen, Farbedelsteinen und Diamanten
Markus Urban
Links Mitte: rhodinierter Silberring mit Saphir
Bernhard Weninger
Links unten: Ametrin in ungewöhnlicher Fassung
twins03 / Shutterstock
Mitte unten: schlichter Männerring
Blue Pig / Shutterstock
Mitte rechts: Goldring mit Diamanten
Elnur / Shutterstock
Unten rechts: Diamantring
Dr. Thomas Schröck

Gelbgold würden wir abraten – es sei denn du arbeitest in einer Branche, wo das zum guten Ton gehört.

Wenn dir Ketten aus Edelmetall zu feminin wirken, so sind Bänder aus Leder oder Kautschuk (Letzteres ist pflegeleichter) eine gute Alternative. Und als Juwelen eignen sich neben kleineren Farbsteinen auch facettierte oder geschnitzte Perlen.

Schmuck für Zwei

Ganz besonders romantisch ist es, wenn ein Liebespaar Schmuckstücke trägt, die so offensichtlich zusammengehören wie die beiden selbst. Das beste Beispiel dafür sind natürlich Eheringe, die man schon seit Jahrtausenden kennt. Aber auch wenn du und dein/e Liebste/r (noch) nicht verheiratet seid, könnt ihr euch Partnerringe anfertigen lassen.

Das Ringmodell für IHN kann dabei ein ganz anderes als jenes für SIE sein. Wenn ihr die gleichen Farbsteine, das gleiche Edelmetall und die gleiche Oberflächenbehandlung wählt, sieht man den Ringen eindeutig an, dass sie zusammengehören.

Das gleiche funktioniert mit Halsketten oder Armbändern. Wie schon im Abschnitt *Schmuck für IHN* beschrieben, kann der Mann dabei zu einem Leder- oder Kautschukband greifen, während die Dame vielleicht eine Goldkette oder z.B. ein Seidenband bevorzugt. Auch hier signalisieren gleiche Edelsteine oder Perlen die Zusammengehörigkeit.

PARTNERSCHMUCK –
Symbol der Liebe und Verbundenheit

Links:
Tahitiperlen für die Dame (mit Weißgoldkette) und den Herrn (geschnitzt und am Kautschukband)
Bernhard Weninger

Rechte Seite

Mitte oben:
Eheringe mit Diamanten
Ioannis Pantzi / Shutterstock

Mitte:
Partnerringe mit grünen Turmalinen
Bernhard Weninger & Vikar Ahmed

Mitte unten:
Partnerringe mit Diamanten
tirapat / Shutterstock

Rechts unten:
Partnerringe mit Paraiba Turmalinen
Bernhard Weninger & Vikar Ahmed

Fingerprint Schmuck

Eine andere Idee, Schmuck zu personalisieren, ist es, den einzigartigen Fingerabdruck eines geliebten Menschen auf einen Anhänger, eine Medaille oder etwas Ähnliches prägen zu lassen. Es gibt Goldschmiede, die dieses Thema aktiv bewerben.

Du kannst aber auch z.B. den Fußabdruck deines Babys als Schmuckdekoration verwenden. Dieser wird elektronisch eingescannt und entsprechend verkleinert und kann dann ein Plättchen, ein Herz oder andere Edelmetallstücke verzieren. Mit dem entsprechenden Geburtsstein kombiniert wäre das auch ein perfektes Geschenk für eine frisch gebackene Mutter.

Manche Goldschmiede bieten auch an, den Fingerabdruck eines geliebten verstorbenen Menschen in ein ewiges Andenken für die Hinterbliebenen zu verwandeln.

Unten Mitte:

Partner- oder Eheringe mit Fingerabdrücken sind eine schöne Möglichkeit, einen geliebten Menschen zu verewigen – auch über den Tod hinaus
Breslavtsev Oleg / Shutterstock

KAPITEL 6
Schmuck pflegen

Damit du viele Jahre Freude an deinem Schmuckstück hast und es eines Tages vielleicht sogar als Familienerbstück weiterreichen kannst, benötigt es ein Minimum an Pflege.

Generell empfehlen wir dir, deinen Schmuck vor dem Baden oder Duschen und vor dem Sport abzunehmen. Ebenso abends, wenn du zu Bett gehst. Insbesondere solltest du über Nacht Hals- oder Armketten abnehmen. Dünne Ketten können leicht reißen.

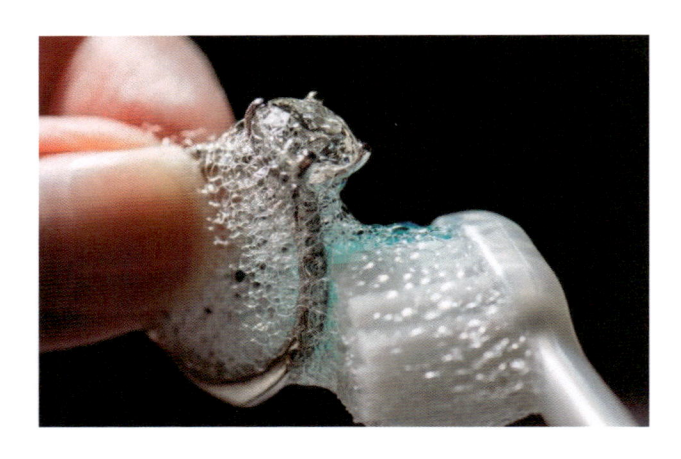

Schmuckreinigung mit einer weichen Zahnbürste
David Shao / Shutterstock

Beim Sport (oder anderen körperlichen Tätigkeiten) kannst du mit deiner Kette, deinem Armband, deinem Ring hängen bleiben und dein Schmuckstück beschädigen. Selbst die härtesten Edelsteine können splittern oder springen. Wenn du zum Beispiel denkst, dein Diamant sei das härteste Gestein der Welt – so stimmt das zwar, jedoch kann auch dieser Edelstein zerspringen, wenn du ihn auf einen harten Fliesenboden fallen lässt oder an eine Steinplatte stößt. In unglücklichen Fällen kannst du sogar dich selbst verletzen, wenn du mit deiner Kette oder deinem Ring hängen bleibst. Außerdem kannst du – gerade mit krappengefassten Ringen – auch deine Kleidung beschädigen. Wolle, Seide, feine Strümpfe sind hier besonders empfindlich.

Auch sonnenbaden solltest du ohne deine Schmuckstücke. Manche Steine (z.B. Amethyste) sind lichtempfindlich und können im Sonnenlicht ausbleichen. Perlen wiederum mögen weder Hitze, Schweiß noch Cremes.

Eine Spa-Behandlung für deine Edelsteine

Vielleicht hast du schon die Erfahrung gemacht, dass dein wunderschöner Diamant- oder Farbsteinring schon wenige Wochen nach dem Kauf nicht mehr so toll funkelt wie zu Beginn? Das ist keine Einbildung – das Problem ist aber sehr leicht zu beheben: Schon kleinste Staubablagerungen am Rand der Fassung oder an der Unterseite des Steins können die Lichtbrechung empfindlich stören und deinem Juwel das Feuer nehmen. Abhilfe schaffst du hier am einfachsten mit einer Zahnbürste der Härtestufe WEICH und etwas lauwarmem Wasser.

Wenn du deinen Stein, nachdem du ihn 5 - 10 Mal getragen hast, nur 30 Sekunden lang auf diese Weise reinigst, wird er immer für dich strahlen. Drücke mit der Bürste nicht auf, streiche nur sanft über Stein und Fassung und vergiss dabei die Unterseite nicht. Wenn dein Schmuckstück krappengefasst ist (also relativ frei schwebt und nur von kleinen "Krallen" gehalten wird), so putze gründlich die Zwischenräume zwischen Stein und Fassung.

Wenn du in Eile bist oder gerade keine Bürste zur Hand hast, genügt schon ein kurzes Bad in lauwarmem Wasser, sogar unter dem Wasserhahn, wenn nötig.

Bei hartnäckigeren Verschmutzungen kannst du dem lauwarmen Wasser auch etwas milde Seife hinzufügen.

Ultraschall & Schmuckreiniger

Im Handel bekommst du verschiedene **Reinigungsmittel** für Edelsteine und Schmuck. Bitte lass dich bei diesen Produkten vom Fachmann beraten, da einige Edelsteine auf aggressive Substanzen gar nicht gut reagieren! Verwende keinesfalls (aggressive) Haushaltsreiniger zur Pflege deines Schmucks.
Unbehandelte oder nur erhitzte rissfreie Edelsteine verhalten sich meist unproblematisch und widerstehen auch den unterschiedlichsten Chemikalien.
Poröse Steine (z.B. Türkis, Opale, Perlen) und Edelsteine, die kleinste Risse und Sprünge haben, sind aber gefährdet. Auch zusammengeklebte Steine (Dubletten, Mabé-Perlen etc.) können durch falsche Reinigungsmethoden Schaden nehmen.

In der Praxis siehst du kleine Risse und Sprünge in deinen Edelsteinen oft gar nicht, da diese geölt, oder die Risse mit Kunstharzen gefüllt werden. Beispielsweise ist der Smaragd ein Edelstein, der fast immer geölt wird, um sein Aussehen zu verbessern. Durch den Füllstoff werden vorhandene Risse fast unsichtbar für das Auge, ja sogar mit der Lupe sind sie oft kaum noch zu erkennen.

Durch scharfe Reiniger werden die Füllstoffe (z.B. Öl oder Kleber) aus dem Stein gelöst, und dein Edelstein sieht auf einmal rissig und matt aus. Eine Opaldublette kann plötzlich in zwei Teile zerbrechen, weil sich der Klebstoff aufgelöst hat.

Ultraschallreiniger säubern deine Schätze sehr effektiv, wenn du weißt, welche Art von Schmuck du mit diesen Geräten reinigen darfst und welche nicht. Edelmetalle (Gold, Silber) sind für die Reinigung im Ultraschallbad gut geeignet. Wenn jedoch Edelsteine bzw. Perlen in deinem Schmuckstück verarbeitet sind, musst du sehr aufpassen. Daher raten wir dir im Zweifelsfall von dieser Reinigungsmethode ab. Nur bei gutem Diamantschmuck, bei Saphiren und Rubinen, Aquamarinen (ohne Hitze) und anderen Edelsteinen die unbehandelt sind und keine Risse aufweisen, ist der Ultraschallreiniger eine Option. Erkundige dich sicherheitshalber bei deinem Juwelier oder wende eine unbedenkliche Reinigungsmethode (siehe oben) an.

Hart oder weich?

Eine kurze Information zur Härte von Edelsteinen und deren Wichtigkeit für die Widerstandsfähigkeit deines Schmucks: Mineralien werden üblicherweise auf der sogenannten *Mohs'schen Härteskala* von 1 (ganz weich) – 10 (ganz hart) eingestuft. Generell werden Edelsteine erst als solche bezeichnet, wenn sie eine Härte von 8 aufwärts haben (*sehr hart*). Steine mit geringeren Härten werden in der Regel als *Schmucksteine* bezeichnet (den Begriff "Halbedelstein" verwendet man nicht mehr). Trotzdem hat es sich eingebürgert, auch andere wertvolle Steine wie z.B. besondere Granate oder Turmaline als

Edelstein zu bezeichnen – das hat vor allem verkaufstechnische Gründe, das Wort "Edelstein" klingt einfach besser!

Ein Stein mit größerer Mohs-Härte ritzt immer das Mineral mit der geringeren Härte (also ein Diamant ritzt z.B. Quarz oder Rubin). Umgekehrt sind härtere Mineralien gegen das Zerkratzen durch die weicheren Steine geschützt. Je weiter unten ein Edel- der Schmuckstein in der Tabelle steht, desto mehr Mineralien (oder auch Metalle o.a.) gibt es, die ihn zerkratzen können.

Übrigens – um zu zeigen, wie hart ein Diamant tatsächlich ist – die 10 Teilungen der Härteskala sind *nicht linear*. Wenn man die absolute Härte betrachtet, so hat ein ganz weiches Mineral einen Wert von ca. Null. Quarz besitzt einen absoluten Wert von ca. 100, Korund kommt auf etwa 1000 – ein Diamant aber hat eine absolute Härte von 140.000! Der Diamant ist also um ein Vielfaches härter als alle anderen bekannten Mineralien.

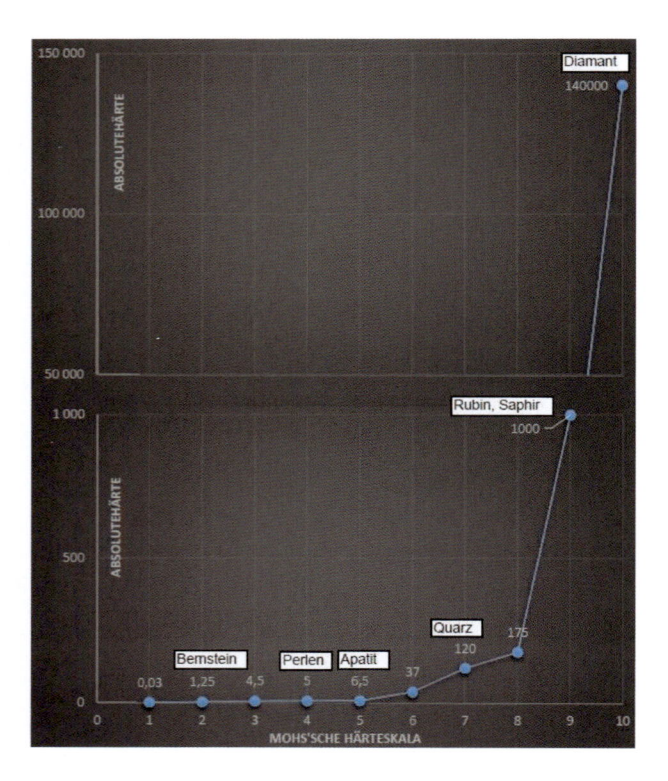

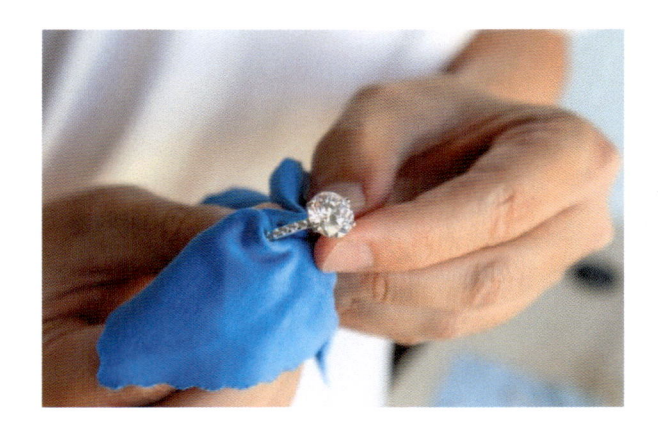

Schmuckreinigung mit einem weichen Tuch – mehr braucht es meist gar nicht
Kwangmoozaa / Shutterstock

Quarz hat eine besondere Stellung, was die Härte anbelangt: Dieses Mineral kommt in der Erdkruste besonders häufig vor. Seine Härte auf der Mohs Skala beträgt 7. Alle Steine, die eine geringere Härte haben, sind besonders empfindlich gegen Kratzer, da Quarzteilchen fast überall in unserem Umfeld, auch im Wasser oder in der Luft, zu finden sind. Wasser in der Meeresbrandung hat oft einen Anteil an aufgewühltem Quarzsand, der auf deiner Haut (und an deinem Schmuck) kleben bleibt, wenn du das Wasser verlässt. Vom Wind aufgewirbelter feiner Sand besteht aus diesen scharfen Quarzteilchen (z.B. vom Streusplitt auf unseren Straßen im Winter), und dein Schmuckstück kann schon dadurch zerkratzen, dass du anhaftenden Schmutz mit einem trockenen Tuch wegwischst.

Perlen sind zartbesaitet

Perlen sind wesentlich weicher als Edelsteine. Sie erreichen bloß eine 2 1/2 bis 4 1/2 auf der obigen Mohs'schen Härteskala und bedürfen daher einer erhöhten Achtsamkeit beim Tragen und einer Extraportion Pflege, damit sie nicht zerkratzen oder ihren Glanz einbüßen. Aber keine Angst, der Aufwand dafür hält sich in Grenzen.

Perlen sind organische Substanzen und reagieren empfindlich auf verschiedenste Chemikalien. Sie mögen keinen Schweiß, kein Parfüm, keine Schaumbäder, kein Chlor in Swimming-Pools etc.

Wenn du deine Perlen ausführst, so lege sie erst an, nachdem du deine gesamte Schönheitsroutine abgeschlossen hast. Sprich: nachdem du Make-Up, Parfum, Haarspray etc. aufgetragen hast.

"Perlen wollen nicht mehr ins Wasser zurück", sagt man. Setzte deine Perlen also möglichst nicht dem Wasser aus, weder zur Reinigung noch unter der Dusche oder gar beim Schwimmen im Meer.

Umgekehrt können Perlen bei großer Hitze auch austrocknen. Lagere deine Perlen also nicht in der Nähe eines Heizkörpers. Am besten legst du sie in ein Schmuckkästchen und verwahrst dieses in einem Schrank oder einer Schublade. (Das ist übrigens auch im Einbruchsfall der beste Aufbewahrungsort. Die meisten Haushaltsversicherungen zahlen höhere Entschädigungen für Wertgegenstände, wenn diese nicht freiliegend, sondern in Möbeln oder einem Tresor aufbewahrt werden.)

Im Schmuckkästchen solltest du darauf achten, dass Perlen und andere Edelsteine getrennt voneinander lagern – insbesondere, wenn du deinen Schmuck auch auf Reisen mitnimmst. Wenn Schmuckstücke miteinander kollidieren, ziehen die Perlen den Kürzeren. Solltest du wenig Platz in deiner Schmuckkassette haben, oder bei Reisen besondere Vorkehrungen treffen wollen, so kannst du einzelne Schmuckstücke einfach in eine Schicht Seidenpapier einwickeln.

Vermeide es, wenn möglich, dein Perlencollier auf nackter Haut zu tragen. Auch wenn du nur

Schmuckaufbewahrung:

Wenn gerade kein Einhorn zur Hand ist – und für empfindliche Steine und Perlen – empfiehlt sich ein Schmuckkästchen.
Oben: *Alex Wagner*
Unten: *IMG Stock Studio / Shutterstock*

wenig schwitzt, sondern deine Haut verschiedene Substanzen ab, die Perlen nicht so gern mögen. Zum Sommerkleid mit tiefem Dekolleté eignen sich Edelsteine viel besser.

Mindestens solltest du deine Perlenkette nach dem Tragen auf nackter Haut, oder wenn sie doch etwas Haarspray, Make-Up, Deo etc. abbekommen hat, mit einem weichen Tuch abwischen. Du kannst das Tuch bei Bedarf auch mit etwas Wasser anfeuchten.

Bezeichnung	Härte (nach Mohs)		Pflegehinweise & sonstige Ratschläge
Diamant	10	sehr hart (Edelsteinhärte)	Aufgrund seiner großen Härte kann der Diamant nur durch einen anderen Diamanten zerkratzt werden. Unbehandelte Diamanten sind praktisch gegen alle Reinigungsmittel und Chemikalien unempfindlich. Diamanten können aber bei Stößen zersplittern, da sie eine "vollkommene Spaltbarkeit" haben. Je größer Einschlüsse sind, desto größer ist die Gefahr für Brüche.
Rubin, Saphir (Korunde)	9		Auch Korunde sind sehr hart und werden kaum zerkratzt. Wenn Korunde keine oberflächennahen Risse haben, sind sie sehr unempfindlich gegen Reinigungsmittel.
Chrysoberyll, Alexandrit	8 1/2		Trotz seiner großen Härte ist der Chrysoberyll gegen alkalische Substanzen und Laugen empfindlich und sollte nicht im Ultraschallbad gereinigt werden. Außerdem druckempfindlich (Achtung bei Stößen).
Spinell	8		Große Härte, relativ unproblematischer Stein
Topas	8		Hohe Spaltbarkeit, kann relativ leicht brechen. Da Topase oft bestrahlt werden, kann die Farbe manchmal ausbleichen, insbesondere im UV-Licht (daher nicht ständigem Sonnenlicht aussetzen, Aufbewahrung in dunkler Schachtel empfehlenswert).
Smaragde (Beryll)	7 1/2 - 8	hart	Durch seine Sprödigkeit und seine vielen inneren Merkmale und Risse ("Jardin") ist der Smaragd empfindlich gegen Brüche und gegen aggressive Reinigungsmittel. Smaragde werden fast immer geölt, Reinigungsmittel oder Ultraschallbäder lösen diese Stoffe auf, der Stein wird matt und erscheint rissiger als vorher. Er kann auch zerbrechen.
andere Berylle (Aquamarin, Morganit, Heliodor, Goldberyll, etc.)	7 1/2 - 8		Auch diese Berylle sind etwas spröde und druckempfindlich. Im Gegensatz zum Smaragd sind sie aber unempfindlich gegen Reinigungsmittel, da sie weit weniger Einschlüsse als ihr grüner Kollege haben. Hochwertige Aquamarine z.B. sind meist sogar einschlussfrei. Aquamarin reagiert jedoch empfindlich auf Temperaturschwankungen.
Turmaline (auch Rubellit, Verdelit, Indigolit, etc.)	7 - 7 1/2		Turmaline laden sich durch Reibung elektrisch auf und ziehen dadurch leichter Schmutz an als andere Edelsteine. Turmalinschmuck muss daher öfter gereinigt werden. Ansonsten ist Turmalin ein unproblematischer Stein.
Quarze - makrokristalline (Bergkristall, Rauchquarz, Amethyst, Prasiolith, Citrin, Rosenquarz etc.)	7		Amethyste, Citrine, Prasiolite und Rosenquarze sind sehr spröde und können unter Sonnenlicht ausbleichen (speziell der grüne Prasiolith). Manche Quarze werden beschichtet (Oberflächenbehandlung), diese sollten nicht mit Alkohol oder scharfen Chemikalien geeinigt werden.
Granate (klassische rote Granate, Mandarin-Granat, Tsavorith, Demantoid etc.)	6 1/2 - 7 1/2	mittelhart bis hart, Härte unter 7 bereits empfindlich gegen Kratzer	Etwas temperaturempfindlich (bei großen plötzlichen Hitze-Kälte Änderungen). Das Mineral weist oft innere Spannungen auf und sollte nicht im Ultraschallbad gereinigt werden.
Zirkon	6 1/2 - 7 1/2		Hat eine hohe Sprödigkeit und ist empfindlich bei Stößen (Bruchgefahr), Kanten werden leicht beschädigt. Zirkon zieht Schmutz und Staub an und wird daher schnell unansehnlich, wenn er nicht regelmäßig gereinigt wird. Behandelte (gebrannte) Zirkone können unter Sonnenlicht (UV-Licht) ihre Farbe verlieren oder verändern.
Hiddent, Kunzit (Spodumen)	6 1/2 - 7		Hiddenit und Kunzit sind sehr empfindlich gegen Hitze und Säuren, haben eine hohe Spaltbarkeit und können daher bei Stoßbelastung brechen. Speziell die bestrahlten Spodumene sind nicht farbstabil, Farben können verblassen (bei UV-Licht, Sonnenlicht). Keine Reinigung im Ultraschallbad.
Quarze - mikrokristalline (Achate, Chalzedon, Chrysopras, Jaspis, Onyx etc.)	6 1/2 - 7		Diese Quarzaggregate sind sehr empfindlich gegen Säuren, da sie eine poröse Oberfläche haben. Chrysopras kann seine Farbe im UV-Licht verlieren und ist hitzeempfindlich. Der schwarze Onyx ist dagegen relativ unempfindlich.
Jade (Jadeit, Nephrit, etc.)	6 1/2 - 7		Jade ist zwar schon relativ weich, dafür aber ein zähes Material, das daher weniger leicht bricht oder zerspringt wie andere Edelsteine. Der Stein ist hitzeempfindlich, von einer Reinigung im Ultraschallbad wird abgeraten.
Peridot	6 1/2 - 7		Gegen Säuren empfindlich, kann bei starker Sonneneinstrahlung ausbleichen, relativ leicht zu zerkratzen.
Tansanit	6 1/2 - 7		Der Stein ist temperaturempfindlich und schon relativ leicht zu zerkratzen.
Mondstein, Sonnenstein	6 - 6 1/2		Relativ weicher Stein, kann leicht zerkratzt werden. Leicht spaltbar, kann daher beim Anstoßen an Steinplatten etc. splittern. Ultraschallreiniger und scharfe Reinigungsmittel beschädigen den Stein und greifen die Oberfläche an.
Opale (Edelopale, Feueropale, Andenopale etc.)	5 1/2 - 6 1/2	weich bis mittelhart (empfindlich gegen Zerkratzen)	Opale sind relativ weich und können leicht zerkratzt werden. Die Steine lagern Wasser ein, das beim Verdunsten zu einem Ausbleichen oder sogar zum Bruch führen kann. Opale sind empfindlich gegen Druck und Stöße. Vorsicht ist auch mit Cremes, Sprays und diversen Reinigungsmitteln geboten. (Achtung: Opale sollten auch nicht mit Seifenlaugen gereinigt werden!)
Türkis	5 - 6		Sehr weicher Stein, Farbveränderungen durch Kosmetika, Cremes, Schweiß, Öle. Der Stein ist porös, bei Reinigungsmitteln aufpassen, sogar Reinigung in Seifenlaugen kann problematisch sein. Beim Sport, Duschen und Händewaschen etc. Türkisschmuck ablegen, keine Reinigung im Ultraschallbad.
Lapislazuli	5 - 6		Ein problematischer Stein, er ist sehr weich und spröde, für Ringe ungeeignet. Farbveränderungen durch Kosmetika, Cremes, Schweiß, Öle sind möglich. Bei Reinigungsmitteln aller Art aufpassen. Am besten nur unter warmem Wasser reinigen. Beim Sport, Duschen und Händewaschen Schmuck ablegen.
Spen (Titanit)	5 - 5 1/2		Sehr weicher Stein, der keine Hitze und keine harten Stöße verträgt. Wegen seiner hohe Lichtbrechung mittlerweile recht beliebt geworden.
Moldavit, Obsidian (vulk. Gläser)	5 - 5 1/2		Weicher Stein, der wie künstliches Glas leicht splittert.
Apatit	5		Sehr weicher Stein, der in den letzten Jahren an Beliebtheit gewonnen hat (z.B. als Imitation von Paraiba Turmalinen). Er ist empfindlich gegen Säuren aller Art und sollte vor UV-Licht geschützt werden. Von Ultraschallreinigung wird abgeraten.
Kyanit (Disthen, Cyanit)	4 - 5 (zweite Richtung: 6-7)		Durch seine unterschiedliche Härte in verschiedenen Richtungen schwer schleifbar, temperaturempfindlich und leicht spaltbar (bruchempfindlich).
Bernstein	2 - 2 1/2		Sehr leichter und sehr weicher Stein mit zäher Struktur, kann daher nicht leicht brechen. Schmilzt aber bei höheren Temperaturen oder kann sogar brennen. Ist empfindlich gegen Säuren, Laugen, Benzin, Alkohol, Kosmetika und Ähnliches. Bernstein kann seine Farbe im Laufe der Jahre verändern. Keine Reinigung im Ultraschallbad, Reinigung mit feuchtem Tuch wird empfohlen.
Perlen	2 1/2 - 4 1/2		Perlen sind sehr weich, zerkratzen leicht, sind empfindlich gegen Schweiß, Öle, Kosmetika, Haarspay und scharfe Reinigungsmittel. Trotzdem sind Perlen ausserordentlich fest und zerbrechen kaum. Hohe Luftfeuchtigkeit oder zu große Trockenheit und Hitze schaden der Perle. Keine Reinigung im Ultraschallbad, Reinigung mit feuchtem Tuch wird empfohlen. Perlen als Naturprodukt altern mit der Zeit. Man sagt, dass Perlen nicht älter als ca. 100 Jahre werden, sie verlieren im Laufe der Zeit Glanz und Lüster und splittern ab, besonders bei dünner Perlmuttschicht. Aufbewahrung getrennt von anderem Schmuck, um ein Zerkratzen zu vermeiden.

Dieser Tabelle kannst du die Härte deiner Edelsteine und Perlen entnehmen,
und du erhältst wichtige Tipps für ihre Pflege und Lagerung.
Bernhard Weninger

KAPITEL 7
Glänzende Investments

Natürlich wollen und dürfen wir in diesem Buch keine Geldanlagetipps geben. Wir können dir aber verraten, wie wir persönlich zu Gold, Edelsteinen und Perlen als Wertanlage stehen.

Für viele Menschen sind Gold und andere Edelmetalle eine beliebte Beimischung in ihrem Anlageportfolio. Wie die meisten Rohstoffe ist Gold nicht beliebig vermehrbar. Sieht man sich die historische Entwicklung an, so war ein Gold-Investment langfristig, über die letzten Jahrzehnte betrachtet, eine weise Entscheidung. Auch mit Diamanten konnte man in den letzten 20 Jahren stabile Renditen erzielen, je nach Karat, Reinheit und Farbe des Steins.

Es empfiehlt sich, kleinere Diamanten (z.B. 1 – 3 Karat) in Top-Qualität ("triple-x" – das heißt 3 mal EX=exzellent für den Schliff, die Politur und die Symmetrie) zu kaufen, sowie auf gute Farbe, Reinheit und Top-Gutachten (GIA, HRD) zu setzen.

Manche Farbedelsteine sind über die Jahrzehnte im Preis regelrecht explodiert. Bei einigen sind die größten Minen bereits erschöpft, neue Vorkommen harren noch ihrer Entdeckung, oder man findet überhaupt nur noch kleinere Steine ...

Perlen sind (wie schon erwähnt) empfindlicher in ihren Pflegeanforderungen, und da sie gezüchtet werden, sind sie – zumindest prinzipiell – beliebig vermehrbar. Das spricht langfristig gesehen nicht für außerordentliche Rendite-Chancen.

Was man in Summe jedenfalls sagen kann: Gold, Edelsteine und Schmuck halten ihren Wert weit besser als andere schöne Dinge (wie Designer Kleidung, Luxusautos etc.), und das über Generationen.

Als Anlagekategorie würden wir Edelsteine/Schmuck mit Antiquitäten, Kunst, Briefmarken, Gemälden, Uhren, antiquarischen Büchern etc. vergleichen. Wenn man weiß, wie, wo, wann und zu welchem Preis man investiert, kann man sehr gute Renditen erzielen.

Gold und Diamanten sind nicht nur bei Schmuckliebhaberinnen beliebt – sie eignen sich auch als (langfristige) Wertanlage
Bjoern Wylezich / Shutterstock

Schmuck und Edelsteine haben darüber hinaus den Vorteil, dass sie extrem klein und leicht transportabel sind. Wie uns die Geschichte lehrt, kann man sie in Krisenzeiten am eigenen Körper außer Landes bringen und mit dieser Wertreserve vielleicht sogar sein Leben retten.

Mit einem Edelstein-Investment können aber auch Risken & Nachteile verbunden sein: Kauft man ein Schmuckstück zu einem Liebhaberpreis, so kann man kaum damit rechnen, bei einem Notverkauf ein Jahr später einen höheren (oder auch nur den gleichen) Preis zu erzielen.

Und genau wie andere Sammlerstücke sind Schmuckstücke oder Juwelen kein liquides Investment. Legst du dein Geld aufs Sparbuch oder investierst es in Aktien, Anleihen, Fonds, so kannst du diese Anlage jederzeit wieder auflösen. Willst du jedoch deinen Schmuck oder deine Edelsteinsammlung zu Geld machen, so musst du erst jemand finden, der an deinen Schätzen interessiert ist. Oder du verkaufst an einen Händler, was zwar sofortiges Bargeld bringt, meist aber nicht den maximal möglichen Preis. Der Händler riskiert, auf dem Stück sitzen zu bleiben und will ja auch noch etwas an dem Schmuckstück verdienen, damit das Geschäft für ihn sinnvoll ist.

Wir empfehlen dir – solltest du den Schmuckkauf in erster Linie als Investment sehen – jedenfalls einen qualifizierten Berater hinzuzuziehen.

Die Big 3 – Rubin, Saphir, Smaragd sind beliebte Edelsteine für die Wertanlage

Von links nach rechts, 1. Reihe:
Rubinanhänger im Tropfenschliff - *STUDIO492*, Rubinohrringe - *Audrey Larson*,
Saphirring - *photo-world*, Smaragdanhänger im Tropfenschliff - *STUDIO492*
2. Reihe:
Smaragdcollier - *omkar.a.v*, Armband mit Saphiren - *Art of Life*
alle / Shutterstock

Nachwort

Wir hoffen, unsere gemeinsame Reise durch die Welt der Juwelen hat dir so viel Spaß gemacht wie uns. Du weißt jetzt, welche Vielfalt dich in der Welt der Diamanten, Perlen und Farbedelsteine erwartet. Du hast einige Methoden gelernt, Preise zu beurteilen und zu vergleichen. Vielleicht konntest du auch schon Ideen für dein ganz individuelles Einzelstück sammeln, und weißt jetzt, wie genau es aussehen soll.

Wenn du dich auch für die historische Seite der Schmuckkunst interessiert, so findest du im Anhang dieses Buches eine *kurze Geschichte der Edelstein-o-manie*.

Außerdem haben wir für dich einige nützliche Ressourcen zusammengestellt, die du ebenfalls im Anhang findest.

Erstens haben wir einige führende Gutachter/Edelsteinlabors in Österreich, Deutschland, der Schweiz und international aufgelistet, wo du deine Steine oder Schmuckstücke begutachten lassen kannst. Wenn du schon immer wissen wolltest, was das eigentlich für Juwelen sind, die dein Familienerbstück zieren, oder falls du Zweifel an der Echtheit eines erworbenen Schmuckstücks hast, so findest du hier die passenden Experten.

Zweitens haben wir dir ein Verzeichnis führender europäischer Auktionshäuser zusammengestellt (ohne Anspruch auf Vollständigkeit), wo regelmäßig Schmuckauktionen veranstaltet werden. Wenn du Vintage Schmuck liebst oder gern auf Schnäppchenjagd gehst, kannst du hier fündig werden.

Drittens möchtest du vielleicht einmal eine Edelstein- oder Schmuckmesse besuchen, wenn du ein echter Fan kostbarer Juwelen bist. Im Anhang findest du daher auch einige Empfehlungen hierzu.

Viertens nennen wir dir anerkannte Ausbildungsinstitute, falls du dein Wissen über die Welt der Edelsteine weiter vertiefen möchtest. Du kannst Einführungskurse belegen oder dich zum anerkannten Experten für Farbsteine, Diamanten und/oder Perlen ausbilden lassen. Falls du an eine berufliche Zukunft als Juwelierin, als Fachexperte oder als Gutachterin denkst, so bist du bei diesen Instituten ebenfalls richtig.

Und zu guter Letzt findest du auch unsere Kontaktdaten im Anhang. Falls du Fragen zu diesem Buch hast oder Schmuck bzw. Edelsteine über uns erwerben möchtest, freuen wir uns auf eine E-Mail von dir!

Nun bleibt uns nur noch, dir für deine Zukunft spannende und lohnende Abenteuer in der Welt der Diamanten, Perlen und Farbedelsteine zu wünschen. Möge dieses Buch dir viele neue Ideen liefern und dir als treuer Begleiter in der Schmuckwelt zur Seite stehen!

Collier mit weißen Südseeperlen
Manutsawee Buapet / Shutterstock

Danksagung

Zahlreiche Personen haben mitgewirkt, um dieses Buch in der vorliegenden Form entstehen zu lassen.

Unser Dank gilt unseren Handelspartnern und Freunden, die uns so großzügig mit Know-how und wunderbarem Fotomaterial versorgt haben. An erster Stelle möchten wir hier Vikar Ahmed von VA Gems in Idar Oberstein nennen, sowie Dr. Peter Janowski & Leander Schorr von Ceylons Munich. Es bereitet uns große Freude, dass ihr der Edelstein-o-manie ebenso hoffnungslos verfallen seid wie wir selbst, und dass ihr eure Leidenschaft mit uns teilt.

Weitere Schmuck-/Edelsteinfotos und wertvollen Input verdanken wir Dr. Thomas Schröck von The Natural Gem, Markus Urban, Juwelier, Bruno M., Goldschmiedemeister, Dr. Wolf Bialonczyk, Gemstones & Melopearls, sowie Jennifer Althaus von Jionova Hair Jewels.

Der Deutschen Gemmologischen Gesellschaft – insbesondere Dr. Ulrich Henn und Tom Stephan – danken wir für die hervorragende Ausbildung, die sie uns angedeihen lassen.

In Österreich gilt unsere Anerkennung Prof. Leopold Rössler und Gabriela Breisach von der ÖGEMG, in den USA danken wir dem Team der GIA für ihre vielfältigen Weiterbildungsangebote.

Privat möchten wir unseren Familien und Freunden für ihre Geduld mit uns danken. Es ist bestimmt nicht immer leicht, sich bei jeder passenden und unpassenden Gelegenheit Anekdoten aus der Welt der Edelsteine anzuhören oder die neuesten Schmuckkreationen zu bewundern.

Unsere besondere Anerkennung gilt Julian Weninger für seine Tapferkeit, wenn wir ihn wieder einmal in Schmuckgeschäfte oder Auktionshäuser mitschleifen. Nicht ganz uneigennützig hoffen wir, dass du dich bei einer dieser Gelegenheiten auch einmal mit dem Gemmologie-Virus infizieren wirst.

Ungeschliffene Farbedelsteine – erst durch die Zusammenarbeit vieler Menschen entstehen daraus die Juwelen, die wir lieben und begehren
J. Palys / Shutterstock

ANHANG I: Eine kurze Geschichte der Edelstein-o-manie

Gold, Edelsteine und Perlen werden heute praktisch auf der ganzen Welt wertgeschätzt. Während viele andere Dinge im Laufe der Jahrhunderte teilweise dramatisch an Wert gewannen und ebenso wieder verloren (man denke z.B. an die Tulpenmanie im 17. Jahrhundert), ist edler Schmuck seit Jahrtausenden ein begehrtes Luxusgut, beliebtes Geschenk, Sehnsuchtsobjekt, und auch ein Wertspeicher für Generationen.

Der Mensch entdeckte seine Liebe zum Schmuck, lange bevor er begann, seine eigene Geschichte aufzuzeichnen. Selbst in frühzeitlichen Gräbern finden sich bereits Ketten, Fibeln und andere Schmuckstücke. Schon damals symbolisierten diese Objekte Reichtum, Macht, Prestige, und die Menschen verwendeten ihr ganzes Geschick darauf, atemberaubende kleine Kunstwerke zu erschaffen, mit denen man den eigenen Körper schmücken konnte. Ebenso wie heute wurden Metalle und Edelsteine auch damals schon für magische Zwecke benutzt. Insbesondere in der Heilkunst, aber auch für religiöse Rituale und Ähnliches mehr. Und genau wie heute rankten sich schon damals Mythen und Legenden um die herausragendsten Schmuckstücke. Sie wurden verkauft, gestohlen, als Lösegeld bezahlt und waren das Motiv für mehr als bloß einen Mord der Weltgeschichte.

Die ältesten Goldbergwerke sind fast 5500 Jahre alt. *Gold* wurde schon früh mit Göttern und Herrschern in Verbindung gebracht, und das vermutlich aufgrund seiner einzigartigen Eigenschaft: Es verwittert nicht.

Auch die *Perle* kann bereits auf eine jahrtausendealte Geschichte verweisen. In den Heiligen Schriften der Christen und Juden wird sie bereits erwähnt, ebenso wie in den Veden der Hindus. Die Chinesen bezeichneten sie bereits vor 3000 Jahren als die Königin unter den Juwelen.

In Mesopotamien und Ägypten waren vermutlich bereits die Muschelbänke des Roten Meers bekannt, und die Phönizier handelten nachweislich mit Perlen. Ihre Routen führten über Land und über Wasser, bis nach Arabien und weiter nach Indien.

1764 schenkte Kaiserin Maria Theresia ihrem Gemahl dieses wundervolle "Blumenbouquet", das mit unglaublichen 2863 Edelsteinen besetzt ist.
Naturhistorisches Museum Wien,
Foto: Alex Wagner

Von Cleopatra, der letzten ägyptischen Königin wird erzählt, dass sie die beiden größten Perlen ihrer Zeit besaß, und auch im antiken Rom waren Perlen bereits im 1. Jahrhundert vor Christus schwer in Mode.

Im antiken Griechenland war die Perle ein Symbol der Aphrodite – der Göttin der Liebe. *Margarita* hieß die Perle in der Sprache der Griechen, und die Römer übernahmen diese Bezeichnung. Wir verdanken der Perle also auch zahlreiche weibliche Vornamen, die noch heute beliebt sind.

Eine der legendärsten Perlen aller Zeiten ist *La Peregrina*. Diese riesige tropfenförmige Perle bringt stolze 50 Karat auf die Waage und misst 17.5 x 25 mm. Der Name bedeutet so viel wie *Die Pilgerin* und er scheint sehr passend gewählt, denn diese Perle ist schon um die halbe Welt und durch die Hände zahlreicher einflussreicher Menschen gereist. Im 16. Jahrhundert erhielt Queen Mary I. von England die Perle als Geschenk von ihrem Bräutigam und liebte sie so sehr, dass das Kleinod in fast allen ihrer Portraits zu sehen ist. Ihre Schwester, Elizabeth I., entbrannte ebenfalls in Leidenschaft für die einzigartige Perle. Sie ließ das Kleinod auf hoher See jagen, wo sie es an Bord spanischer Schiffe vermutete und bediente sich dafür sogar der Dienste von Piraten.

Später gelangte die Perle in die Hände der Habsburger, in jene von Napoleon III., ging zwei Mal beinahe verloren, und wurde schließlich 1969 bei Sotheby's versteigert. Erworben wurde sie von dem amerikanischen Schauspieler Richard Burton, der sie seiner damaligen Ehefrau zum Geschenk machte: Elizabeth Taylor. Sie berichtete später davon, dass die unbezahlbare Perle einmal beinahe von einem ihrer Hündchen verspeist worden wäre …

Eine dramatische Wendung nahm die Geschichte der Perlen 1893, als Kokichi Mikimoto eine Technik erfand, mit der man Perlen kommerziell züchten konnte. Die traditionellen Händler von Naturperlen, insbesondere in Japan machte das natürlich nicht gerade glücklich, denn der Perlenpreis verfiel dadurch extrem. Anfangs versuchte man, Zuchtperlen als "nicht echt" in den Augen der KäuferInnen abzuwerten, doch das misslang. Im Gegensatz zu Edelsteinsynthesen sind Zuchtperlen heute in aller Welt geschätzt und begehrt, und die von Mikimoto gegründete Firma floriert noch immer.

Den Verfall des Perlenpreises zeigt die Wanderung eines berühmten zweireihigen Colliers mit Naturperlen aus der Südsee. Diese Kette wurde in New York von Cartier um eine Million US-Dollar

Geschäft der Firma Mikimoto
in Tokyo, Japan
Ned Snowman / Shutterstock

zum Verkauf angeboten. Ein amerikanischer Magnat kaufte das schöne Stück für seine Frau.

Mit dem Verkaufserlös finanzierte Cartier sein erstes Nobelstammhaus in New York. Nach dem Aufschwung der Kulturperlen verloren natürliche Perlen plötzlich ihren enormen Wert. Jahrzehnte später wurde die Perlenkette bei einer Auktion um einen Bruchteil des Anschaffungspreises (man kolportiert 140.000 US Dollar) verkauft. Nach heutigem Stand sind Naturperlen wieder sehr hoch im Wert, vermutlich würde diese Perlenkette (deren Verbleib nicht bekannt ist) jetzt wieder ein kleines Vermögen einbringen!

Die Geschichte der Farbedelsteine ist nicht weniger faszinierend. Schon die alten Römer liebten beispielsweise den *Rubin,* und auch in den Kronjuwelen vieler Monarchen findet man bemerkenswerten Exemplare. Manche davon sind allerdings in Wahrheit Rubellite (rote Turmaline) oder Spinelle, denn in früheren Jahrhunderten hatte man noch nicht die Möglichkeit, Edelsteine sicher zu bestimmen. Ein roter Stein war eben ein Rubin! Davor, im Mittelalter und auch noch in der Barockzeit, bezeichnete man so gut wie jeden roten Edelstein als *Karfunkel,* ganz egal ob Granat, Rubin, Spinell etc.

Krone von Kaiser Rudolf II.
Schatzkammer, Hofburg Wien
Vladimir Wrangel / Shutterstock

Der Rubin, der auch heute noch am begehrtesten ist, wenn er aus den Minen Burmas (heutiges Myanmar) stammt, wurde dort bereits in der Bronzezeit abgebaut. Er wird auch im Alten Testament erwähnt, war ein beliebter Talisman und wurde in der Antike nach Rom, Ägypten sowie Griechenland gehandelt.

Erst um 1800 entdeckte man die Verwandtschaft zwischen Rubin und Saphir. Was die blauen Edelsteine anbelangte, so war *Saphir* im Mittelalter ein ähnlicher Sammelbegriff wie Karfunkel für die roten Edelsteine. Auch der heute als *Lapislazuli* bekannte Stein, der einen weit geringeren Wert als ein Saphir besitzt, fiel unter diese Bezeichnung. Wie anderen Edelsteinen auch, schrieb man dem Saphir magische Kräfte zu. Er beschützte die Reisenden, stand für Treue und Keuschheit und sollte selbst Pestkranke heilen können. In manchen Kulturen glaubte man sogar, das gesamte Himmelszelt wäre von den Göttern aus Saphir gemeißelt worden.

Der bislang größte Saphir, der je gefunden wurde, trägt den klingenden Namen "Stern von Adam". Er ist ein Sternsaphir, der unglaubliche 1404 Karat auf die Waage bringt. Sein Wert wird auf € 90 Millionen geschätzt.

Smaragd bedeutet im Lateinischen und Griechischen – du errätst es bestimmt schon – so viel wie grüner Stein. In Ägypten wurde er bereits vor Jahrtausenden abgebaut. Der römische Kaiser Nero, berüchtigt für seine Dekadenz, soll angeblich Gladiatorenspiele durch einen flach geschliffenen Smaragd angesehen haben – ob als Sonnenschutz oder als Vergrößerungslinse ist nicht bekannt.

Auf dem amerikanischen Kontinent wurde der Smaragd bereits von den Inkas und Azteken geschätzt, und natürlich ließen es sich die spanischen Eroberer im 16. Jahrhundert nicht nehmen, die südamerikanischen Smaragdvorkommen zu plündern.

Oben: Nachbildungen legendärer Diamanten
DiamondGalaxy / Shutterstock

Unten: Mit der Diamantmine "Big Hole", in Kimberly, Südafrika – dem größten je von Menschenhand gegrabenen Loch – begann der weltweite Aufstieg von De Beers.
Daleen Loest / Shutterstock

Die meisten Legenden ranken sich aber zweifellos um den *Diamanten*. In der Antike nannte man ihn *Adamas*, was so viel wie unbezwingbar bedeutet. Plinius, der berühmte römische Gelehrte, beschrieb ihn nicht nur als den begehrtesten Edelstein der Welt, sondern als das wertvollste aller Objekte überhaupt.

Allerdings entwickelte man damals eine haarsträubende Technik, um echte Diamanten von Imitationen zu unterscheiden: Man warf den "Unbezwingbaren" zu Boden. Wenn er brach, war er unecht ... Leider wusste man damals offensichtlich noch nicht, dass Diamanten perfekt spaltbar sind und sehr wohl zerbrechen können. Kaum auszudenken, was damals vielleicht zerstört und weggeworfen wurde!

Seinen Siegeszug um die Welt, der noch heute andauert, trat der Diamant aber im 19. Jahrhundert in Südafrika an. 1888 gründete Cecil Rhodes dort die Firma *De Beers*. Um 1900 kontrollierte dieses Unternehmens bereits rund 90% der weltweiten Diamantproduktion.

Bis zu dieser Zeit waren Diamanten dem hohen Adel und den Superreichen vorbehalten. Um die Produktion und den Verkauf von Diamanten anzukurbeln, startete De Beers eine der erfolgreichsten Marketing-Kampagnen, die die Welt je gesehen hat. *Diamonds are forever* – kann man den Diamanten schöner bewerben? Außerdem suggerierte De Beers den Frauen der Welt: *A proposal is not a real proposal without a diamond.* Sprich: ohne einen Diamanten zählt ein Heiratsantrag erst gar nicht.

Die Männer, die diese Ringe meist bezahlen durften, ließ man wissen: *What's two months' salary for something that'll last forever?* Zu Deutsch: Was sind schon zwei Monatsgehälter für etwas, das ewig währen wird? (Wenn schon nicht die Ehe, so wenigstens der Diamant, könnten böse Zungen behaupten ...)

Seither ist der Diamant nicht nur das Symbol der romantischen Liebe schlechthin, sondern auch der mit Abstand beliebteste Edelstein in Verlobungsringen. Schon so mancher Bräutigam hat dafür mehr als nur zwei Monatsgehälter hingeblättert. Der Diamant schaffte den Einzug in die Welt der "Normalsterblichen". Auch Frauen außerhalb der High Society kamen auf den Geschmack dieser funkelnden Steine – wenn auch meist in kleineren Größen als die Adeligen, Filmstars und Superreichen.

Zu den berühmtesten Diamanten der Welt zählt der blaue *Hope Diamond*, um den sich zahlreiche Legenden ranken. Der französische

The Great Star of Africa wird auch *Cullinan I.* genannt und ist mit 530 Karat der größte geschliffene Diamant der Welt. Er ist im Tower von London ausgestellt, wo er Teil des königlichen Zepters der britischen Monarchie ist.

Ebenso einzigartige Kleinode sind der gelbe *Tiffany Diamant*, der grünlich-blaue *Orlow* oder der *Koh-i-Noor*.

Der wohl berühmteste Diamant bei uns in Österreich, ist – oder besser gesagt war – der zitronengelbe *Florentiner* mit stattlichen 137 Karat. Er stand im Besitz des Kaiserhauses, gilt aber seit dem Ersten Weltkrieg als verschollen. Gerüchte besagen, dass er geteilt und neu geschliffen wurde, um ihn leichter verkaufen zu können.

Die Geschichte der Edelsteine geht weiter. Auch heute noch werden Juwelen von einzigartiger Größe und Schönheit gefunden, die dann meist Rekordpreise in den internationalen Auktionshäusern erzielen. Diese Raritäten verschwinden gelegentlich auf Nimmerwiedersehen in den Tresoren vermögender Sammler – immer wieder kann man sie aber auch am Hals eines Filmstars oder einer sonstigen Berühmtheit bewundern.

Sonnenkönig und seine Nachfolger besaßen ihn, bevor er in den Wirren der Französischen Revolution verschwand. Erst im 19. Jahrhundert tauchte er wieder auf und kann heute im Museum of Natural History in Washington, D.C. bewundert werden.

Links: Historische Illustrationen des Diamantbergbaus von J. Vavione in Emil Holub's "Sieben Jahre in Südafrika", erschienen 1881.
Pixeljoy / Shutterstock

Oben: Nachbildung des verschollenen Florentiner Diamanten
Österr. Gemmologische Gesellschaft,
Foto: Alex Wagner

ANHANG II: Ressourcen

Kontakt zu den Autoren

Wir unterstützen dich gerne, wenn du:

- Fragen zu diesem Buch hast
- dein eigenes Traumschmuckstück designen lassen möchtest
- seltene Edelsteine für deine Sammlung suchst
- Beratung beim Schmuckkauf benötigst

Du findest uns im Internet unter:
www.weninger-gems.at

Auktionshäuser

Hier findest du eine Auswahl an namhaften Auktionshäusern, die regelmäßig Schmuck versteigern und/oder Edelsteinauktionen veranstalten:

ÖSTERREICH:
www.dorotheum.com

SCHWEIZ:
www.kollerauktionen.ch

DEUTSCHLAND:
www.lempertz.com
www.zengen.de

INTERNATIONAL:
www.christies.com
www.sothebys.com

ONLINE:
www.catawiki.com

Auktionshaus von Christie´s in New York City, USA
Gordon Bell / Shutterstock

Edelsteinlabors / Gutachter

Hier einige Beispiele anerkannter Labors im deutschsprachigen Raum, ergänzt um die führenden internationalen Institute:

ÖSTERREICH:
Gemmologisches Labor Austria - www.gla.at
Österreichische Gemmologische Gesellschaft
www.gemmologie.at

SCHWEIZ:
SSEF - www.ssef.ch
GRS - www.gemresearch.ch
GÜBELIN - www.gubelingemlab.com

DEUTSCHLAND:
Deutsche Gemmologische Gesellschaft –
www.dgemg.com

INTERNATIONAL:
Gemological Institute of America (USA + Niederlassungen weltweit) - www.gia.edu
International Gemological Institute (weltweite Niederlassungen) www.igi.org
HRD (Antwerpen) – hrdantwerp.com
LOTUS (Bangkok) – lotusgemology.com
EGL – egllaboratories.org

Edelsteinlabor der GIA in New York
Helen89 / Shutterstock

Ausbildungsinstitute

Wenn du mehr über die Welt der Juwelen lernen möchtest oder sogar eine Karriere als Juwelier, Gutachter oder Ähnliches anstrebst, so empfehlen wir dir die nachstehenden Institute.

Du kannst in die Welt der Edelsteine "hineinschnuppern", indem du Grundkurse oder einzelne Online Kurse belegst, oder du kannst eine zeitaufwendige Komplettausbildung absolvieren. Du hast dabei auch die Möglichkeit, dich auf Diamanten, Farbedelsteine oder Perlen zu spezialisieren.

Im deutschsprachigen Raum bietet die Deutsche Gemmologische Gesellschaft in Idar-Oberstein eine sehr umfangreiche Ausbildung an. Idar-Oberstein ist darüber hinaus noch immer eines der weltweit führenden Schleif- und Handelszentren für Farbedelsteine. Es gibt ein wunderbares Edelsteinmuseum zu besichtigen, dazu eine historische Schleiferei und sogar ein Schaubergwerk.

Die Schweizer Ausbildungen kosten (pro Kurs gesehen) wesentlich mehr, sind dafür oft aber zeitlich stark komprimiert. Hier kannst du schon in wenigen Wochen einen anerkannten Abschluss erwerben. Auch in Österreich bietet die österreichische gemmologische Gesellschaft geblockte Veranstaltungen an.

Wenn du gut Englisch sprichst und gern online lernen möchtest, empfehlen wir dir die GIA (Gemological Institute of America), die ein umfassendes Programm an Fernkursen anbietet.

ÖSTERREICH:
www.gemmologie.at

SCHWEIZ:
www.gubelingemlab.com
www.ssef.ch

DEUTSCHLAND:
www.dgemg.com

INTERNATIONAL:
www.gia.edu

Schmuck-/Edelsteinmessen

Wenn du dich für Schmuck und Edelsteine interessierst und dir ein großes Angebot an verschiedenen Varietäten und Qualitäten ansehen möchtest, empfehlen wir dir den Besuch einer Fachmesse. Hier hast du die Möglichkeit, einmal wirklich kostbare Stücke mit eigenen Augen zu sehen. Durch das Betrachten der unterschiedlichsten Qualitäten lernst du zu erkennen, was wirklich Top Qualität ist und was vielleicht nur mittelmäßige Qualität darstellt.

Besuche ruhig auch einmal kleinere Messen in deiner Nähe. Meist werden bei diesen Veranstaltungen Mineralien mit Edelsteinen gemeinsam ausgestellt, Schmuck ist nicht immer in großer Auswahl vertreten.

Achtung: Manche dieser Messen sind – zumindest tageweise – dem Fachpublikum vorbehalten.

SCHWEIZ:
Messe Basel (Baselworld)

DEUTSCHLAND:
Gemworld - The Munich Show
Inhorgenta (München)
Intergem (Idar Oberstein)

INTERNATIONAL:
Hong Kong International Jewellery Show
JCK Las Vegas
Tucson Gem & Jewelry Show
Vicenza Oro (Italien)

Schmuck- und Edelsteinmessen

Links oben: Baselworld, Schweiz
mmuenzl / Shutterstock

Links unten: Gemworld
München, Deutschland
Bernhard Weninger

Unten: International Gold,
Jewellery & Gem Fair in Shenzhen, China
Sorbis / Shutterstock

ANHANG III: WEITERFÜHRENDE LITERATUR

Viele der angeführten Bücher sind leider nur auf Englisch erhältlich. Trotzdem empfehlen wir dir die Lektüre, wenn du tiefer in die Welt der edlen Steine eintauchen möchtest.

Allgemeines:

EDELSTEINE UND SCHMUCKSTEINE – Walter Schumann, BLV Verlag, Ausgabe 2017
Das Standardwerk für alle, die sich mit farbigen Steinen beschäftigen wollen. Fast ein "must have".

PRAKTISCHE EDELSTEINKUNDE – Ulrich Henn, DGEM Eigenverlag, 3. Auflage 2013
Eine Einführung in die Edelsteinkunde. Eigenschaften von Farbsteinen, Erkennungsmerkmale, Synthesen und mehr.

Diamanten:

DIAMOND HANDBOOK – Renee Newman International Jewelry Publications, 3th ed. 2018
Details, auf die es bei Diamanten ankommt, Synthesen/Imitationen, Einschlüsse, Schliffe.

DIAMANTEN-FIBEL – Verena Pagel-Theisen, Jubiläumsausgabe 2017
Handbuch der Diamanten-Graduierung für Menschen, die es genau wissen wollen.

Farbedelsteine:

COLORED GEMSTONES – Antoinette Matlins, Gemstone Press, 4th ed. 2016
Kaufempfehlungen und weiterführende Vertiefung in die Welt der Edelsteine.

GEM IDENTIFICATION MADE EASY - Antoinette Matlins & A.C. Bonanno, Gemstone Press, 6th ed. 2016
Bestimmung von Edelsteinen, Synthesen, Einführung in die (technische) Welt der Gemmologen.

Perlen:

PEARL BUYING GUIDE – Renee Newman, International Jewelry Publications, 6th ed. 2017
Unterscheidung, Entstehung, Beurteilung von Perlen.

PERLEN – Elisabeth Strack, Rühle-Diebener-Verlag, 2001
Das führende Handbuch für alles rund um die Perle, geht sehr ins Detail.

Magazine:

EXTRA LAPIS – Sondereditionen des Mineralienmagazins Lapis, Christian Weise Verlag. Laufende Veröffentlichungen.
*Diverse Sonderhefte über Smaragde, Granate, Turmaline, Quarze, Korunde und vieles mehr. Lesenswert sind außerdem die Ausgaben über berühmte Edelsteinabbaugebiete.
Ein Magazin mit Geschichten zum Blättern, aber auch detailliertes mineralogisches Fachwissen.*

Investments:

EDELSTEINE ALS INVESTMENT – Thomas Schröck & Georg Wailand, Gewinn Verlag, 2017
Alles was man wissen muss, wenn man Edelsteine als Wertanlage kaufen möchte.

Printed in Great Britain
by Amazon